U0576249

律师执业心得

写给法科新生的话

唐 勇◇主编

LÜSHI
ZHIYE XINDE

XIE GEI
FAKE XINSHENG DE HUA

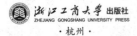浙江工商大学 出版社
ZHEJIANG GONGSHANG UNIVERSITY PRESS
·杭州·

图书在版编目（CIP）数据

律师执业心得：写给法科新生的话 / 唐勇主编. --
杭州：浙江工商大学出版社，2025.8. -- ISBN 978-7
-5178-6615-2

Ⅰ. D926.5

中国国家版本馆 CIP 数据核字第 2025HW9936 号

律师执业心得——写给法科新生的话

LÜSHI ZHIYE XINDE —— XIE GEI FAKE XINSHENG DE HUA

唐　勇　主编

策划编辑	任晓燕
责任编辑	熊静文
责任校对	夏　佳
封面设计	望宸文化
责任印制	屈　皓
出版发行	浙江工商大学出版社
	（杭州市教工路 198 号　邮政编码 310012）
	（E-mail：zjgsupress@163.com）
	（网址：http://www.zjgsupress.com）
	电话：0571-88904980，88831806（传真）
排　　版	杭州浙信文化传播有限公司
印　　刷	杭州捷派印务有限公司
开　　本	880 mm×1230 mm　1/32
印　　张	6.125
字　　数	90 千
版 印 次	2025 年 8 月第 1 版　2025 年 8 月第 1 次印刷
书　　号	ISBN 978-7-5178-6615-2
定　　价	32.00 元

序

浙江财经大学自1998年开办法学教育专业以来，已经培养了23届本科生和15届硕士研究生。他们毕业后或在国内的"五院四系"或在国外的加州大学伯克利分校、悉尼大学等知名学术机构攻读硕士、博士研究生，或通过公务员考试和选调生招录入职各级法院、检察院，或供职于律师事务所，数十年如一日地从事法律服务工作，维护当事人的合法权益和社会的公平正义。

在浙江财经大学建校50周年之际，从事律师职业的校友从自身实际出发，回顾和总结执业心得，站在学长学姐的角度撰写文章，讲述执业故事、传授执业经验。由浙江省地方立法与法治战略研究院（智库）提供资助，法学院编辑出版的这本小书，旨在为法科新生提供一个了解律师行业的视角，对职业生涯规划和大学期间专业课程学习起到推动作用。在征集稿件的过程中，难免遗漏从事律师职业的优秀校友，请多包涵。期待有更多校友加入回馈母校、提携后生的队伍，为我们建言献策。期待读到这本小书的法科新生，能够在执业律师的道路上走得更远，成为未来的撰稿人。相信这本小书在修订再版时一定会更加厚实。

是为序。

李占荣

浙江财经大学副校长

2024 年 10 月 6 日

目 录
CONTENTS

又见财大

鲍贝贝

2000—2004 年，浙江财经大学，法学本科。

2011—2013 年，浙江大学，工商管理硕士（MBA）研究生。

现任浙江六和律师事务所执业律师，主要从事公司合规、公司股权设计、上市与挂牌、重大资产重组、股权投资与基金、商事诉讼等法律服务。在 10 多年的律师执业过程中，办理民商事诉讼案件 200 多件，非诉讼案件 50 多件（包含上市挂牌、公司改制、股权架构设计、员工激励、投融资、私募登记等），服务法律顾问单位 80 多家。曾担任共青团浙江省委"亲青帮平台公益律师"、杭州市中级人民法院调解员、杭州互联网法院特邀调解员、丽水仲裁委员会网络仲裁员、杭州市律协证券与资本市场专业委员会委员等。

见字如面

窗外飘着淅淅沥沥的雨丝，和着壶里老白茶沸腾发出的咕噜声，点燃沉香，手机里不断推送与青春、毕业相关的信息，勾起满满回忆，当配乐响起的时候，不知不觉眼眶里已溢满泪水。毕业季，适合这个氛围。一晃，毕业 20 年了。

初见财院

犹记，2000 年初，林忆莲《至少还有你》的旋律充斥耳畔。2000 年，文一路最多的车，是我们临时租住在益乐村的几个学院的学生的自行车。

2000 年 9 月，财院操场，我第一个冲过百米跑道。在那个年代，单反属于奢侈品，故，回忆，只是回忆而已。

那个年代，只有图书馆有限的书籍、拨号上网发出的嘟嘟声，大家不知"度娘"为何物。故，那些年的论文，估计连查重都不需要，纯手工制造。那个年代，只有 201 电话卡、宿舍里机械旋转的电扇，大家不知微信、中央空调为何物。有的，只是简单的快乐。

那4年，我有过参加学生会的热情，有过参加省运动会的拼搏，也有过考研的煎熬，更有过择业的焦虑。

焦虑，来自对未知的不确定性，也来自对自我认知的粗浅。

不管怎样，感谢岁月带给我的快乐和成长，成长大概就是在迈过一道坎的时候抬头，发现下一道坎就在不远的前方，而且更高。如不是这样，我猜，它都不足以被我们称为"坎"。

从财院到财院

4年，回忆多，也不多。2004年6月，我拉着厚重的行李箱——里面装着4年的回忆，到现在我还保存着泛黄的《法理学》《刑法学》《合同法》——离开4号楼到财院行政楼，开启毕业后的第一份工作。

那些年，我觉得"稳定"一词适合女生，心里一直挂念着围城外的生活。按部就班地工作，偶然有一些自己的思考，生活倒也有条不紊，只是内心会有一种驱动力，想突破认知，尝试新的生活法则。

第一份工作持续了 7 年，7 年财院生活见证我从青涩到成熟。我曾无数次问自己想要怎样的生活，从茫然到清晰。反复博弈的过程很折磨，会让人感觉心灵无处安放。如何坚持内心的热爱？如何相信信念的力量？

从最初的跟生活妥协、跟自己和解，到适应财院工作，再到孩子出生回想起自己最初的志愿，那么换个赛道？

再见财院

于是，2010 年选择报考研究生，2013 年毕业。研究生毕业的时候，财院也成财大了。

2011 年 6 月，我离开了财院——从学习到工作伴我度过 11 年的母校。11 年，从醉墨池到学涯湖，从文华路 269 号到学源街 18 号，从学渊楼、学博楼到行政楼，从一个未知到更大的未知，这也许就是生命的意义。

《至少还有你》的旋律再次响起，颇有"少年不知曲中意，再听已为曲中人"之感。人们总有小我大我、小爱大爱的差异化认知。选择母校，选择第一份工作，是偶然也是必然，是性格也是认知选择的结果。

离别，是必然，只是时间问题。

✐ hi，律所

第一站，海浩

2011年6月，我离开财院，进入律师赛道。

生活，有执念；工作，亦是。

海浩，这4年半是人生角色迅速转变的阶段，也是抽丝剥茧蝶变的过程。其间，我有对出差品尝各地美食的期待和欢喜，有对案源的庸扰（虽该等庸扰大概率伴随执业终生），有对案件研究和分析的痛苦……从恐惧到焦虑，从压抑到释然，这是个绕不过去的过程，因为人生没有捷径，走过的每一步路、遇到的每一个人，都会成为日后成就自己的基石。

在这个过程中，我有过犹豫，有过放弃，有过坚持，有过痛苦，也有过欢喜，总之，五味杂陈。埋头赶路，难免会错过沿途的风景，以为的烦恼不一定是烦恼，以为的幸福也不一定是幸福，但行路莫问前程。

从最基础的归档、熟悉案件流程到独立开庭，从助理、实习律师到独立律师，我惊觉，学生时代读书的苦，是人生中最淡的苦。

在从业过程中，我开始认识人性，认识法律事实，认识客观事实，认识证据链。我会对裁判结果有期待，有认可，有遗憾，但又如何，这不就是生活本来的味道吗?!

这一站，六和

人，总是对自己未知的领域充满期待。因为对非诉讼领域的憧憬，2015年末，我选择这一站，六和。新的环境，新的氛围，新的团队，新的方向。

在自己的认知范围里把一件事情做到极致，这就是实现梦想的最佳方案。该方案应当包括但不限于以下要素：热情、热爱、不抛弃不放弃、钝感力等。

热情

热情是生活的调味剂，让人有发现光、追逐光、成为光的勇气。因为富含热情，会体验更多的快乐和幸福感，热情本身就很有力量，发挥着引擎作用，让人伴着小马达的轰鸣声，追逐梦想。律师职业，需要我们具备良好的心态和状态，面对生活，面对争议，适用法律，以期定分止争。

热爱

因为爱，所以爱。热爱，是一种能力，是一种信念，是生活的底色，是内心深处的力量，是最有活力的因子，是一种持续的精神状态。律师职业，是生存之道，也是内心热爱的外化表现。做律师需要时刻面对考验，热爱能够帮助自己达到想要的状态，就像梅西对足球的热爱、博尔特对百米赛跑的热爱、科比对篮球的热爱。摒弃质疑，增强内心信念，将热爱转换为事业。

不抛弃不放弃

"不抛弃不放弃"，这句话我是从《士兵突击》这部影片里看来的。在人生路途中，会有很多的十字路口，我们有时不知道如何选择，可能有智者的搀扶，可能会误打误撞，也可能有自己的小确幸。但实际上，进入律师赛道，真正跌跌撞撞不抛弃不放弃的选手，占比并不高。之所以如此，有很多原因，个人、家庭或环境，内因或外因，不一而足。

人生，就如一场马拉松，过程中的或快或慢，并不那么重要，重要的是，跑到终点。律师职业，亦如此。

钝感力

钝感力，源自日本作家渡边淳一，是一种心态、一种战术，与自己和解，不要内耗、不要内卷。困难和挫折是相伴而生的，走出焦虑，保持从容，方得体面，这是逆商的体现。如果说智商是基础，那么情商、财商、逆商也是最基础的配置。

律师职业有其痛点，而且每个执业律师的痛点不一定相同，或在案源，或在专业，或在沟通，等等。走过荆棘，走过浅滩，慢一点，再慢一点。

下一站，幸福

人这一辈子，究其追寻的，大多逃不开幸福，也许是幸福的婚姻，也许是幸福的生活，也许是幸福的工作。如果非得给这个状态加个期限的话，我希望是无期限。

结语

　　老白茶，已经换了一茬。窗外，透进来几缕阳光，照在《中华人民共和国民法典》上，那么柔和，软软的。回忆，很长，很久，也很美。

因为热爱，所以坚持

谢瑾

2000—2004 年，浙江财经大学，法学本科。

2007—2010 年，华东政法大学，经济法学硕士研究生。

现任浙江京衡律师事务所律师，曾就职于锦天城律师事务所、金杜律师事务所，主要从事房地产、收并购、私募投资及企业常年法律顾问服务，执业 10 余年。论文《论有限责任公司股东查阅权》获杭州市律师协会律师实务与理论研讨会二等奖（一等奖取消），《所得税法律规定与私募股权投资法律组织形式选择》获浙江省第二届律师论坛一等奖。

 关于"business sense"

记得读研究生的时候，华东政法大学请了国浩律师事务所的一位律师给同学们做讲座，当时这位律师说的一句话让我印象深刻。他说，做收并购律师，必须懂法律、懂财务、懂行业，还须具备一定的"business sense"（商业判断能力）。

对于这句话，我是高度认同的。当时在财大读书的时候，我就在想，将来毕业了，我想做一个怎样的律师、做哪方面的律师。思来想去，我认为自己肯定不适合做家事律师，婚姻家庭这些家事，我天然地比较抗拒。但我从小喜欢看商业故事，比如柳传志及联想、宗庆后及娃哈哈、曹德旺及福耀等，都让我觉得趣味盎然。让法律服务于商业，为商业投资保驾护航，就是我当时选择律师职业方向时最朴素的出发点。由此，毕业当年，我没有选择马上去律所，而是选择去一家连锁商业企业，从事投资及法务工作。我希望通过参与企业的投资、运营，真正融入一家公司，了解企业的运作，理解企业的决策者在投资决策时的考量点。可以说，这段经历是极其宝贵和有意义的。

研二的时候，同班同学到律所实习，合伙人交给他一个大型商超的租赁合同，要求他审核，并提出法律意见。这份合同，洋洋洒洒30多页，他看了好几遍，依然无从下手，便来找我沟通。

客户是承租人，类似家乐福、世纪联华这类公司，拟租赁一个10000平方米的场地用于开设shopping-mall，计划8000平方米用于开超市，2000平方米用于招商。房屋为在建工程，按照当时开发商的工程进度，预计6个月后可完工。客户拟提前锁定该房屋，竣工备案后尽快收房进场装修。这类合同，该从哪个角度进行审核呢？我的同学显得有些茫然。

透过现象看本质。事实上，每一份合同代表的都是一个交易，交易的本质是利益，或者说价值交换。在这样一个租赁法律关系中，出租人以让渡房屋使用权来获得租金回报，承租人以支付对价获得一定时间内的房屋使用权。因此，出租人最关心的自然是租期内的收租问题以及租赁关系终止、解除时是否能及时收回房屋等事宜；承租人最关心的自然是房屋移交、租赁成本以及在租赁期限内是否能够稳定地使用该房屋等事宜。作为承租人的法律顾问，在审核该租赁合同时，至少需要关注以下4点：（1）由于租赁标的为在建工程，虽然开发商表示大约半年后可完工，但不排除这段时间内因故无法按期交付的风险。因此，须约定明确的交付时间，以及逾期交付的违约责任。（2）房屋为毛坯交付，开设shopping-mall需要大量的装修及设施设备投入，比如扶梯。另外，按房屋现规划设计方案，该房屋交付时的状态和开设shopping-mall所需的结构相比存在差距，局部地方需要整改。这些硬装以及设施设备、整改投入，由哪一方承担？当然，从成本节约及风险控制的角度来说，承租人一定希望部分成本由出租人承担。这就涉及承租人和出租人的力量博弈，拥有更大话语权的一方往往更容易争取到对自己有利的谈判条件。如果约定由承租人承担，那么需要考虑由于出租人原因中途解约或者出租人一房二租的情况下，出租人须承担的违约赔偿责任。（3）大型shopping-mall的租赁期限短则10年，长则15年、20年，在这样一个相对漫长的时间段里，不论是出租人，还是市场、政府规划都可能发生变化，不排除房屋转让、司法拍卖、将房屋用于抵押融资、政府拆迁的可能性。因此，需要对这些可能影响租赁关系的情况进行约定。（4）租赁关系终止，对于这么大体量的shopping-mall的撤场也是一件时间、成本投入比较大的事。是否需要恢复原状，也是租赁谈判中的一个要点。当然，需要考虑的因素还有很多，此处不一一赘述，仅提供一些思路，抛砖引玉，启发大家思考。

可以看出，审核此类租赁合同，除了熟悉法律规定，还要对大型 shopping-mall 的租赁这一商业交易本身有非常清晰的了解，从而能在为客户提供法律意见时切中要害，与客户形成良好的沟通与互动，增加信任与黏性。这也就是前文国浩律师所述的 "business sense"。

我的同学按照这个思路，重新审阅了这份租赁合同，取得了很好的效果。可以说，连锁商业企业的工作经历，对于理解 shopping-mall 的租赁是很有帮助的。

跳出收并购项目的固有思维

研究生毕业后，我进入了锦天城律师事务所，其后，进入了金杜律师事务所，我们团队主要以从事房地产及收并购法律服务为主。十几年时间，我们为很多企业提供了收并购法律服务。在最熟悉的房地产领域，我们几乎涉及房地产收并购的各个方面，包括写字楼、烂尾楼、闲置土地、工业用地、预留产业用地、村集体留用地、军用土地、地下室、在建工程、一二级联动等各种类型。此外，我们还负责过水电站、肥料生产企业、高铁配件公司、长租公寓、家居用品、连锁超市等企业的收并购。

世界上没有完全相同的两片叶子，也没有两个完全相同的收并购项目，每个收并购项目都有其独特之处。因此，我们需要针对实际情况，制定与之匹配的收购策略。下面，我将介绍一个比较有意思的收购项目——一个收购品牌的故事。

这个故事的转让方是一家餐具经营企业Z公司，经过20年发展，其旗下共形成了A、B、C、D 4个品牌，分别针对4类消费群体。其中C品牌针对的是年轻白领，但由于C品牌销量逐年下滑，拖累了Z公司的业绩，出于战略调整，Z公司决定放弃这个品牌。Y公司认为C品牌虽然销量下滑，但有固定的客群，在业界仍有一定的知名度和美誉度，因此，计划收购该品牌。

首要思考一下：收购品牌就是收购商标吗？收购一个品牌，实际上收购的是什么？是不是只要把品牌的商标过户就算收购完成了?

在回答问题之前,我先介绍一下 C 品牌的基本情况和 Y 公司的诉求。

C 品牌采用线上+线下销售模式,线上在天猫和京东销售,线下主要通过商超渠道销售。Z 公司主要负责 C 品牌产品的设计、研发,本身并不生产,该品牌的所有产品均采用委托第三方代工的方式进行生产。C 品牌产品的主要优势体现在个性鲜明的外观设计、相对固定的消费群体,以及针对目标群体的需求在细节上开发特定功能的巧思。

Y 公司是 C 品牌多年的供应商,对 C 品牌十分了解。他们希望引入 C 品牌后,能够导入 C 品牌的生产和销售体系,实现自主研发、生产和销售。

生产方面,Y 公司本身也是餐具生产企业,具有很强的制造能力,因此,收购 C 品牌后完全有能力实现自主生产,无须采用代工模式。那么,原有的 C 品牌库存产品、在售产品必须同步移交或者销毁。销售方面,Y 公司认为线上消费更符合年轻人的消费习惯,因此,Y 公司计划 C 品牌将来以线上销售为主,逐步收窄或放弃线下商超渠道。

基于以上情况,经充分沟通后,Y 公司最终确定的收购范围包括：（1）C品牌的全部商标和专利；（2）C品牌的全部网络账号，包括各大电商平台的账号及各大社交平台的官方账号；（3）C品牌全部供应商和客户（如：商超）名单，所有采购类合同和销售类合同全部改签至Y公司；（4）C品牌的全部库存商品、模具和在售产品；（5）C品牌的应收账款和应付账款。

在我们的固有思维里，常常将品牌误认为商标，收购品牌就是收购商标。通过C品牌收购案例可以看出，收购品牌有着远比收购商标更广泛的内涵和外延。本案中的C品牌不仅是一个商标，而且是附着在产品上的整个产供销体系以及基于产品产供销而衍生的专利权、商标权、采购端、销售端、购销平台、库存、债权债务等关系的综合。

每个收并购项目都是不同的，不同客户的需求也是不同的。因此，终身学习，是每个律师的必修课。如果有志于成为一名律师，不管什么年龄，都必须具备不断学习的能力。

结语

　　人生没有白走的路，你的每一段经历，都将成为你未来人生的养分。重要的是，我们在走每一段路程时，都须尽心尽力，不枉费一路的艰辛，在每一段经历中不断收获成长。

　　一个人的时间、精力是有限的，在这样一个充满竞争的法律服务市场，每个有志于从事律师职业的人，都需要对自己有充分的认知，了解自己喜欢什么、擅长什么，然后在自己的领域努力学习、不断积累、纵深发展。

　　如果你所从事的正好是你喜欢的工作，并且这份工作能带给你职业的尊荣感和成就感，以及良好的物质回报，那么，你也将从这份工作中收获更多的幸福感。所谓理想与财富并行，乃人间至美之事。

　　在此，也祝福所有的学弟学妹，能够在未来的职业生涯中找到自己喜欢的事，并且坚持下去，最终收获人生的幸福。

因为热爱，所以坚持

做"加法",也做"减法"

杨甜

2000—2004 年,浙江财经大学,法学本科。

2010—2013 年,浙江大学,法律硕士研究生。

现任浙江六和律师事务所高级合伙人、公司法律业务部主任,二级律师(杭州市高层次 E 类人才)。主要从事疑难商事纠纷解决、股权顶层设计与激励、企业常年法律顾问、股权投融资等服务。

曾任浙江省涉案企业合规第三方监督评估机制专业人员,第十届杭州市律师协会商事专业委员会主任,浙江大学医学院附属第一医院医学伦理委员会委员,衢州仲裁委仲裁员,北海仲裁委、北海国际仲裁院仲裁员;浙江大学继续教育合作讲师,浙江财经大学法学院实务导师、专业硕士研究生社会导师。曾获评杭州市民最喜爱的公益律师、北京法天使合同讲师课"冠军",入围杭州市第三届"十大先锋"之"人民满意律师"20 强,获杭州律协颁发的"个人嘉奖"等。另外,出版专著《股权一本通:创业者必备的股权知识》。

在社会化大分工的背景下，专业化对于律师来说是一道必答题，同时也是一道"加减乘除"的难题。回望个人律师执业的十五载，总结起来是一段既做"加法"又做"减法"的历程。

在执业初期，"加法"能够让自己积少成多，积累经验与体悟，逐渐寻找到属于自己的路径与赛道；当合适的契机来临，适时的"减法"能够帮助我们走律师专业化服务之路，以达到多方满意的共赢结果，形成服务效果的"乘法"，最终，凝结成个人及团队独特的法律专业服务产品，得以构成差异竞争力、"舍我其谁"的"除法"。简言之，在律师执业过程中，个人的感悟便是，先做"加法"，再做"减法"，以此实现律师之路的"乘除法"。

不积小流，无以成江海

在刚执业的时候，我的主要业务集中在民商事诉讼领域。虽然距离我选择现在所从事的细分领域还有很长一段路，但正是因为在执业初期的这些年里，我接触了各个领域的法律业务，为不同需求的客户提供过法律服务，我才选择现在的领域。

记得十多年前，我与同事共同办理过一个合同纠纷案件。这是一起合作开发房地产的合同纠纷，涉及合作地块的性质为农村集体组织的留用地。我们代理的是被告方——农村集体经济组织。在这个案件的代理过程中，我们发现，不仅案件工作量繁杂，其中的法律、法规检索运用也很复杂，因为涉及杭州市农村集体留用地的相关政策。另外，由于涉及这些政策，检索案例的工作也变得困难重重，加之10多年前网上公开的案例数量不多，给我们带来很大的办案压力。我们的团队在这个案件上花了很多时间与精力去检索法律与案例并讨论、研究、模拟预演。最终，功夫不负有心人，案件的处理结果是令人满意的，获得了客户的肯定。这个案件的处理方法，我至今还在迁移、使用。

所以，律师之路的专业化定位不必操之过急。要敢于尝试，了解自己的兴趣和专长，在办案过程中寻找自己与专业、服务的契合点。这一过程需要有意识的培养，当然也少不了水到渠成的契机。在确定好自己的专业定位之后，还必须为专业案件的办理积累经验。在日常进行办案实践的同时，还要注重理论学习，注意专业知识的积累与储备，这是律师打造专业化法律服务的必经之路。

定期复盘，适时做"减法"

如前文所言，找到属于自己的律师专业化路径可能需要一个契机，而这个契机有时候并不是敞开大门等我们发现，而是要经过不断复盘和思考，才会逐渐显现。在律师的从业生涯中，我有一个习惯，就是每隔一段时间，我就会停下来思考一下。

2015 年是我进行律师行业专业细分选择的转折点，契机之一是我们团队遇到了一个较为特殊的案例。犹记得，当时三个年轻人走进我办公室那垂头丧气的样子。他们咨询的内容实际上很简单，即关于股权退出的机制。三个年轻人两年前一起创业，三人都是名校的研究生校友，选择的创业项目很有创意，商业模式也没问题，但当初大家都没有股权分配的概念，就简单地按照"出多少钱、占多少股"分配了股权。他们的启动资金为 100 万元，大概以"40%、30%、30%"的出资分配了股权比例。后来项目运行了几个月，虽然获得了一些商业上的成绩，但是情况远没有他们当初想象的乐观。所以其中一位创始股东打算离开，但是新问题产生了：人离开公司后股权怎么办？关于这个问题，大家都没有先期约定，因为创业公司的创始股东身份既是股东又是老板，还是员工，但是这个员工可拿着基础生活费，人力投入根本无法用劳动报酬衡量。这个时候，他们才意识到刚开始时的股权分配没有设计妥当，只看到了初始资金的作用，忽视了存在的问题与风险。他们找到我们团队时已是各方意见不一致的情形了，留下来的人想要股权回购，但是离开的股东又不愿意转让股权、退出。在这种情形下，股权律师的能动性着实有限，毕竟，法律也确实没有规定"离职必须退股"。

这个案子中，几个志同道合的创始人从一开始的同心协力到最后的分道扬镳，对我们触动很大。当时正值我执业的第 7 年，我也特别强烈地希望能有更细化、更专业的发展方向，于是我决定为我的人生、事业做"减法"，要在股权细分领域进行深入研究，为企业家未雨绸缪。

法律服务产品之打磨

在深耕某一专业领域并有一定的积淀以后，便可以尝试打造属于自己的法律服务产品。法律服务本质是一项专业服务，是无形的劳务输出。囿于法律服务的专业性与复杂性，客户很难从专业的角度理解律师，甚至大多数时候客户只能从自己的经验出发，结合个人有限的认知去评判自己所购买或者获得的法律服务是否专业。正因为卖方输出的核心价值——"法律服务"和买方对所获价值——"服务体验"之间存在巨大的偏差，所以我们需要"法律服务产品"作为中间的桥梁，去联结与弥合这样的认知鸿沟。

既然法律服务产品是未来的大势所趋，那我们就得在积淀后准备起来。我们团队在法律服务产品化的道路上最先完成了以下 4 项工作：其一，服务产品清晰化——《股权观察室产品手册》的编纂；其二，服务流程体系化——《股权观察室产品说明书》的制定；其三，服务过程可视化——《股权观察室产品客户访谈节点》的制定；其四，服务成果有形化——《股权观察室产品交付手册》的整理。

做「加法」，也做「减法」

这些材料都是我们团队在提供股权法律服务的过程中积累的，经过不断的更新迭代、试错修正，慢慢被绝大多数客户接受和认可。

形成团队差异化的法律服务产品之后，还要在实践中不断打磨、完善，既有利于老客户的"回购"，也有助于吸引新客户的注意、开拓新的版图与市场。

乐于分享，善于学习

律师的专业化路径需要"内外兼修"，需要开拓市场。律师有了自己的服务产品却没有市场，就好像一位骁勇的武将熟读兵书却没有用武之地，只能停留在纸上谈兵的阶段。在"酒香也怕巷子深"的时代，拓展市场才能使专业化的法律服务产品更具生命力。

我 2015 年选择了股权细分领域，2017 年创办"股权观察室"公众号，笔耕不辍地撰写文章至今。2019 年，我出版了自己的第一本专著。2021 年，我开通了微信短视频账号，至今更新 100 多条专业知识类短视频。接下来,我的第二本专业书即将出版。我喜欢将自己的经验和感悟放在各种媒体平台上,我觉得,不论是新媒体还是传统媒体,都是充满机遇的开阔舞台。

因为我们团队主要的客户画像是创业者,尤其是有一定成长性的中小企业创始人。于是,我有计划地安排、参与创业者的社群学习活动。比如:2019年12月,我参加了李善友创办的"混沌大学"高手训练营;2020年10月,我参加了得到高研院为期3个月的周末半天学习活动;2021—2022年,我参加了浙江大学现代企业家高级研修班。我参加这些课程或社群活动,并不仅仅是为了拓展客户,更多的是去学习法律专业以外的技能,如商业、管理、销售、沟通等技能,同时也为了拓展自己的社交圈,结交志同道合的朋友。三人行必有我师,开放的心态与学习力是我们作为律师必备的素养,尤其是向创业者学习商业模式、交易结构、管理模型、团队建设,这些都是股权法律服务的基础。所以,我们一定要怀揣"空杯心态",不断学习。在恰当的时候,自然会有认可你的创业者愿意成为你的客户。

总而言之，我们要做好法律知识与实践经验的"加法"，才能做好律师专业化之路上的"减法"。对于刚执业的律师来说，过早地忧虑专业化之路似乎不是最优选择。在此，我愿与各位校友分享一段话，与大家共勉：专业化之路没有捷径，我们必须沉下心来，放开手做。在这条道路上，要乐于分享、持之以恒，定期复盘、适时减法，既有笃志又需坚持。相信在未来的日子里，我们终会收获属于自己的独特风景！

不想创业的人的创业史

张心田

2000—2004 年，浙江财经大学，法学本科。

2004—2006 年，英国肯特大学，国际经济法硕士研究生。

现任上海科尚律师事务所合伙人、副主任，执业 15 年，主要从事民商事法律服务。

 ## 命运是一件没什么道理的事情

我不是一个很有斗志的人，书读得也一般，高中是理科生，高考是我超常发挥的一次考试。当年报考财经学院是因为我考试成绩过了重点线，我以为这个成绩报考财经学院的金融专业应该没有问题，结果没达到金融专业的分数线，被调剂到民商法专业。我父亲笃信命运，说：这说不定是歪打正着。

在财经学院读法律专业对我而言并不是一件开心的事情，因为我本来想当"咸鱼"，学了金融之后回老家去银行工作，现在这条路显然已经不可能了。作为理科生的我，学法律学得很差，在老师给考试大纲的情况下，我和室友背了一样的内容，但是考试成绩始终比她们差。这一点我也问过室友，她们说，她们学的文科，文科的答题有一些特定的套路，能帮助她们拿到更高的分数。反正我到毕业也没搞清楚文科的答题套路，所以各科成绩很一般。直到毕业，我都没对法律产生什么兴趣，对于未来也很茫然。

我不是一个有目的、有计划的人，我家境尚可，导致我缺乏生活的目标和斗志，不像有的同学明确知道自己大学毕业后想做什么，需要为此做些什么准备。所以，这是一个不小心读了法律但不知道怎么读法律，却还要继续读下去的奇怪故事。

留学是一步随意但正确的选择

我回想了一下为什么会去留学，大概记得，首先是母亲炒房赚了一笔钱，然后问我想不想去留学。因为她负担得起学费，我就有了留学的念头。

接着是当时杭州的一个亲戚因为我来杭州读书，所以接我去吃饭。他们家的人学历较高，而且有些还长期在国外生活，我们就聊起了留学。亲戚说，未来需要的人才应该是复合型的，比如你懂法律又懂英语，可能就比别人更有优势。这句话也算是给我的留学选择埋下了种子。

后来，我和闺密大二就开始学雅思、练口语。于我而言，这样也可以短暂逃避毕业后找工作的烦恼，还可以去国外看看。所以，大学毕业我就和闺密一起去英国留学了。

 ## 因为留过学，所以选择了上海

虽然本科到研究生我读的都是法律专业，但其实我没想过以后是否一定会做律师，毕竟要通过司法考试，我记性不是很好，不确定自己能否考过。但是，有一点我可以确定：我不想回老家，否则留学就没什么意义。归国留学人员在上海只要工作就可以落户，所以我 2006 年去上海工作。

怎么入行不重要，重要的是入行

刚开始的时候转行做了一年外贸，发现读书人和生意人还是有本质差别的。所以 2007 年还是决定去律所工作。因为没有资格证，所以当时没有律所要我。我后来投了一家小律所，表示薪资无所谓、社保不用交，这样才被录用。记得老板当时给我的工资是 1000 元一个月。

被录用后，我打电话给父母，说我还是打算考司法考试做律师，但是现在没什么收入，需要"啃老"。父亲说，薪资不重要，重要的是选择一条路就不要改了，一直走下去就可以。

进入律所工作之后，我才发现自己是具备一些做律师的特质的。工作过程中，我发现我表达能力尚可、文字功底尚可、逻辑分析能力尚可，这些能力让我在和客户沟通、起草文书过程中，感受到了做法律工作的快乐。可能此时，我才真正开窍，发现我是喜欢法律这个行业的，万事俱备只欠通过司法考试了。

说实话，我法律功底着实差，当年大学和研究生也读得非常敷衍，2007—2009年报考了三次司法考试，2009年才通过，并且通过考试的方法既蠢笨又特殊。我将历年考题进行整理，每一个考题对应一个考点和相关法条，就这样整理了一年，到考试前都没整理完，但我通过考试了。后来想想，还是因为我抽象思维不好，但形象思维还行，所以我把考点具象化后就记住了。

想找个好老板，最后自己成了老板

回到我这胸无大志的人设。我一路被命运推上了律师这条路，拿到执业资格证后，我的愿望就是找个好老板，跟着他好好干。但是，老板们不太如人意。

刚开始，我想做非诉业务，被第二任老板骗进律所，她天天喊着自己在做非诉业务，但在那家律所我只接触了一个离婚案件、一个商事纠纷。老板脾气暴躁，动辄骂人，虽然有时候言之有理，但依然给我留下了阴影。虽然如此，有一点，我是心有感激的，在那家律所，我改了很多不好的工作习惯。

熬了 10 个月，我换到第三家律所，依然想做非诉业务，老板也的确有非诉业务，但是老板所有的业务都舍不得交给助理做。老板每天加班到晚上 10 点，而助理只是打印、复印、邮寄快递，偶尔写写文书。我唯一接触到的非诉业务，是老板把我借调给另外一个律师时，他带我去做尽调。这一任老板其实挺喜欢我这种助理，因为我下班不着急走，可以陪他加班，他经常因为我加班而高兴地请我吃晚饭。但是，学不到实际知识技能的状态，实在让我觉得浪费时间。所以在这家律所，我就待了 3 个月。

终于，我放弃了对非诉的执念，打算做个诉讼律师。2011—2012 年，我进了第四家律所，做诉讼业务。面试的时候，我和老板说，我觉得自己水平不够，想跟人再学一学。老板说，我们目前需要一个会英文的律师做诉讼部的主管，你只能边做边学。这家律所，对我而言还是有一定恩情的。因为在这家律所，我一年办了70多件案子，让我从生瓜蛋子直接变成了"气场一米八"的成熟律师。

但是做律师到一定程度就会明白，打工终究不是终点，因为工作量和收入并不成正比。所以2012年，一个离职的同事拉我出去做提成律师，当时我刚好有一个外国客户在谈，于是就进了第五家律所开始做提成律师。

正常情况下，我也不会做2年提成律师就出来开律所，但是第五家律所在2014年进入发展动荡期。合伙人之间内斗，发展理念出现冲突。当时询问了我们几个业务还可以的律师是否入伙，我本来是想考虑入伙的，但是在他们律所成长起来的律师居然都拒绝了，导致我觉得合伙人应该不怎么靠谱。所以，我们只能走，我同团队的律师说：我们直接开律所吧。我其实有点担心，因为感觉业务量和火候都不够，但转念一想，开家小律所，投入不高，就算赔了也不是赔不起。所以作为"啃老族"的我，打电话给我妈借了15万，开启了创业之旅。

2014 年开所，如今 10 年了

律所成立 10 年了。现在回头看，这 10 年经历了很多：律所业务量增加，搬进更好的大楼；律所合伙人不和，部分人员退伙离开；业务量下滑且遇到新冠疫情。这些对我而言都不算什么，毕竟自创业开始，我都算得上顺风顺水，所以有些挫折也是必须经历的。有些人因理念不和选择离开，那我觉得离开之后，我们都可以往自己想要的方向进一步发展。对我而言，所有的挫折都应该是为了成就更好的自己。

最近让我伤感的事情是，律所发展遇到了瓶颈，每次快到 20 人就会有人离开。当年我在其他律所工作时，觉得离职大多是因为老板为人有问题、管理有问题。那么现在的我出了什么问题？我自认为我做人还可以，不会滥用权利，不会苛待、刁难他人。那么律所的瓶颈，可能是平台不够大、资源不够多、合伙人管理能力有限等问题，这一关过不去，律所可能只能保持现在这样的规模。

目前就是这样，不好不坏，在自省中前进。

企业合规服务产品的研发与市场开拓技巧

谢尚誓

2001—2005 年，浙江财经大学，法学本科。

现任北京盈科（杭州）律师事务所股权高级合伙人、浙江财经大学法学院企业合规研究中心执行主任、北京盈科浙江区域企业合规专业委员会主任、浙江省法学会财税法学研究会副会长。

杭州等多地合规专家库成员，参与浙江省企业合规课题承接、指导意见专家论证，涉企法治增值化一类事清单修订及论证。参与《中药材产业合规管理规范》《医疗器械行业信用合规建设指南》等多个合规相关团体标准起草，承接过政府、国企、民企等几十个合规项目辅导工作。

每年开展法律培训数十场，累计听众上万人次，并先后受江苏、安徽、重庆，以及金华、温州、马鞍山、蚌埠、宿迁、常熟等各省、市级律师协会邀请，给律师分享法律顾问及合规管理业务经验。

律师容易为案源而焦虑，特别是年轻律师更是如此。我就以企业合规服务产品为例，和大家交流一下法律服务产品的研发及市场开拓技巧。

企业合规的基本背景情况

国务院国资委先后出台了一系列与合规管理有关的规范性文件，针对国企合规管理文件出台的力度远远大于之前国资监管机构对企业风控、内控的监管力度和要求。2022 年，国务院国资委在中央企业合规管理工作推进会上的讲话提出合规管理是企业切实有效防范经营风险的关键制度性措施，是新形势下持续发展的迫切需要，是一件"必须做，并且一定要做好"的事。2023 年 8 月 1 日，《中央企业法律纠纷案件管理办法》正式施行，国务院国资委将强法治、防风险作为重点任务，在指导中央企业有效防范法律风险的同时，切实加强案件管理，维护国有资产安全。

2023 年 10 月 13 日，最高检发布《最高人民检察院关于全面履行检察职能推动民营经济发展壮大的意见》，其中提到"深化规范涉案企业合规改革，推动民营企业合规守法经营"。

2023年初最高人民法院党组部署以来，涉案企业合规改革已在全国法院全面推开：2023年，全国法院对718家涉案企业适用刑事合规整改，民事、行政、执行合规案件"破零"后已达1700余件。2024年前5个月，又有437家涉案企业适用刑事合规整改，同比增长146%。

2024年3月14日实施的《浙江省优化营商环境条例》第八十八条规定："县级以上人民政府及其有关部门应当加强重点产业预防性合规体系建设，编制重点产业合规指引和生态环境、安全生产、消防安全、劳动用工等方面专项合规指引，健全市场主体涉法风险事前预防机制。"

无论是国有企业合规、民营企业自主合规还是涉案企业刑事合规，从政府优化营商环境角度看，都将大力推动企业开展合规工作；对于企业自身而言，也是提效降本保护企业规避各类风险的有效手段。因此，律师在企业合规业务中大有可为，市场前景广阔。

企业合规服务产品怎么研发

企业合规管理体系建设有国际标准《合规管理体系　要求及使用指南》（ISO 37301 : 2021）、国家标准《合规管理体系　要求及使用指南》（GB/T 35770—2022）。国有企业合规管理体系建设有《中央企业合规管理指引（试行）》《中央企业合规管理办法》及各省市级合规管理办法或各类合规指引等。涉案企业刑事合规有《关于建立涉案企业合规第三方监督评估机制的指导意见（试行）》《关于建立涉案企业合规第三方监督评估机制的指导意见（试行）实施细则》《涉案企业合规第三方监督评估机制专业人员选任管理办法（试行）》《涉案企业合规建设、评估和审查办法（试行）》等相关规定。

一般企业合规服务产品主要是指以有效管控合规风险为目的，依据合规管理相关标准及规定，辅导企业建立合规管理体系，并就重点领域如投资领域、合同管理领域、劳动用工领域、知识产权领域等进行专项合规管理建设。

律师的企业合规产品研发需要按以下几个步骤

开展。

第一步就是对以上相关规定进行梳理，整理出一套完整的企业合规管理体系标准文本、操作指引、制度汇编等，便于客户进行参考、学习、使用。

第二步就是结合各类专项如劳动用工、投资、安全生产、环保、合同管理、廉洁等重点领域，梳理合规义务清单、合规风险识别清单、关键岗位合规职责清单、关键流程管控清单、专项合规指南、专项制度汇编、标准文本库等，作为辅导用工，供日常专项辅导使用。

第三步就是建立合规辅导标准流程，从合规管理体系有效性评估、现场访谈诊断、项目启动到项目辅导、项目验收等全流程梳理，用于辅导团队内部的工作分工，也可以用于与客户的内部团队协作，推进合规管理体系建设。

第四步就是建立合规培训课件库，从合规基础知识、四张清单建设、合规风险识别与防控、合规运行机制建设等模块，开展系列培训工作，协助企业建立合规人才体系，培养企业内部合规人才。

第五步就是对照国际标准《合规管理体系　要

求及使用实施指南》（ISO 37301∶021）、国家标准《合规管理体系　要求及使用指南》（GB/T 35770—2022），形成一套完整的文件化信息，以便企业合规项目完成辅导后能够顺利通过合规体系认证。

企业合规服务产品的市场开发技巧

销售渠道很重要。每个律师都有自己的客户群体、各类资源，以及各自的擅长领域，但是客户的需求是系统的、多样的，因此律师在服务客户过程中，也希望有各类律师团队共同为一个客户服务，让资源能够共享。因此，律师需要在自己的同行中树立合规领域专家或者专业从业者的形象，让同行能够信任你，以获得合作机会，或者共同服务。同行之间的推荐，是目前成交率最高的一种渠道。

另外，服务政府部门开展企业合规工作也是一个不错的机会。政府部门依职权承担着打造良好营商环境、促进企业健康发展的职责，推进企业合规改革工作，是比较好的抓手，也是各类工作亮点的基础。政府部门需要提供给企业普遍适用的、共性的基础服务，也需要合规方面的专家为企业开展合规相关知识培训。律师如果能够借助服务政府部门相关工作来推广自己，那么就有了一个强背书，是与企业建立信任的高效方法。

还有就是商会、协会这些企业自发组成的民间团体组织。运行较好的商会、协会都会承担一定的社会职能，也会开展系列服务会员企业的活动，合规培训、法律培训是这些活动中必不可少的形式之一。律师如果争取到给商会、协会会员企业授课的机会，可以充分展示自己的专业水平，从而达到推广自己的目的。

除了以上几种渠道，目前律师推广自己比较多的方式还有自媒体平台、发表专业文章、写书等，这些方式都是可以去尝试的，主要目的就是多曝光，让更多的潜在客户了解你。

无论选择哪种方式推广自己，都必须提升自主的公众演讲能力、课程开发能力、现场授课能力，因此，高效的推广方式一定是一对多的方式。

授课能力提升需要做好以下几项工作。

第一，积累丰富的课程素材。课程素材包括诉讼案例、辅导案例、辅导资料、落地文本、表单等，还有一些网络热点事件、图片、视频、新闻报道等，课件一般会有多种展示方式，如图片、视频、文字等。

第二，课件制作要适应成年人的学习习惯。成年人学习课程比较喜欢听案例、看图片，不太喜欢看大段文字，也不喜欢刻板地解读法条。因此，课件设计中，要根据课程内容情况配置大量的实际案例，通过案例教学的方式，让学员清晰地了解相关合规知识、合规风险及合规管理要点。同时，还要有配套的解决方案，解决方案中要包含原因分析、实施路径、工具表单、成果展示。这样的解决方案才是听众最想要的。

第三，不断提升现场授课能力。现场授课挑战比较大，现在的听众都有手机，也都非常依赖手机，时不时地就会看手机，如果你的课程不具有吸引力，那么学员就很容易走神，这样授课效果就会非常差。因此，现场授课的方式要诙谐、幽默，现场要多互动，授课的内容在编排上要层层递进，串联案例，引发学员思考及解答问题，这堂课才更容易吸引学员，现场反馈才会好。

企业合规服务高体验感的建议

律师签订一个企业合规辅导项目非常不容易，签到以后一定要注重客户的体验感，这个体验感包括以下几方面：

要及时，有节奏。企业合规是比较专业的内容，因此，客户比较希望辅导律师能够告诉他们全年服务有哪些内容，这个月需要做哪些事情，其中哪些事情是律师做的、哪些事情是企业做的，反馈是否能够及时得到回复或者处理。因此，辅导计划的科学性是律师要关注的，同时律师还要关注计划落实的及时性，否则客户对于律师的服务会不满意。

要专业，有成果。企业是比较务实的，他们希望能够看到投入多少产出多少，因此，律师提供企业合规服务的时候，要做好有效性评价工作。比如：评估辅导之前企业存在哪些风险点，有可能产生多少损失；评估辅导之后采取了哪些措施，能够预防规避哪些合规风险。总之，企业合规管理辅导，要让企业有获得感。

最后，给年轻律师的真诚建议就是，选择好一个专业方向后，要花百倍的努力去深挖，这样才容易在某个专业领域获得不俗的业绩。

常法客户维护技能与市场开拓

竺飞雄

2001—2005年，浙江财经大学，法学本科。

2009—2012年，宁波大学，法律硕士研究生。

2017—2019年，浙江大学，EMBA（高级管理人员工商管理硕士）。

2020年至今，浙江大学，DBA（金融投资专业）在读。

现任浙江和义观达（前湾新区）律师事务所主任，二级律师，从事律师行业近20年。任慈溪市政协委员，慈溪市青联委员，宁波市金融顾问，宁波市仲裁委仲裁员，宁波市青年法学法律人才库成员，浙江省律师协会并购重组委员会秘书，浙江财经大学法学院非诉导师；曾获全国律师行业优秀共产党员、浙江省优秀青年律师、宁波市十佳律师、钱伯斯《大中华区指南》公司／商事领域（浙江）"潜质律师"称号等。

在介绍"常法客户维护技能与市场开拓"这个主题前，我想跟大家探讨一下"什么是律师"这个问题。修订后的现行律师法对于这个问题是这样描述的：律师是依法取得律师执业证书，接受委托或者指定，为当事人提供法律服务的执业人员。不难看出，律师是靠法律技能，以当事人委托为前提，服务于当事人的。律师行业具有一定的商业性，但又不同于其他商业服务，且受到比较严的监管。作为服务业从业者，律师既要有良技，又要善经营，还要为委托人诚心服务。所以律师想赢得客户，先得把指导思想转移到尽心尽力争取委托人的合法权益上来。

网传"无诉讼不富，无常法不稳"？
律师担任企业法律顾问是做什么工作？

我带大家来看个案例吧。2017年发生的海底捞老鼠门事件。《法制晚报》记者在海底捞2家门店暗访近4个月后，写了一篇名为《记者历时4月暗访海底捞：老鼠爬进食品柜　火锅漏勺掏下水道》

的文章，最初发表在《法制晚报》上，一经发表，舆论哗然，当天话题直冲微博热搜第8。随后，海底捞及时发出了2篇公告：一篇在事件发生后3小时内发出，是事件处理通报，其中写明将聘请第三方公司对下水道、屋顶等各个卫生死角排查除鼠，与第三方虫害治理公司研究从新技术的运用到门店设计等方面的整改措施，公布整改措施具体负责人的职位、姓名甚至联系电话，欢迎顾客、媒体朋友和管理部门前往海底捞门店检查监督，涉事停业的2家门店的管理人员和职工无须恐慌，各门店在此次整改活动中应依据所在国家、地区的法律法规以及公司相关规定进行整改等。此后2个小时，海底捞又发了一篇致歉信，直面问题，向公众道歉，对处理结果进行实时公布，表达愿意承担责任，也有信心尽快杜绝这些问题的发生。这2篇公告发布的时间非常及时，内容也很得业界好评。正是这2篇"危机公关文"使舆论发生了逆转。

　　而这2篇带来舆论逆转的公关文正是出自与海底捞签订了常法顾问合同的律师之手。这也充分体现了律师以自己的专业技能为聘请方提供多方面法律服务的专业性活动意义。

如何维护常法客户？

关于如何维护常法客户，我们首先要思考律师可以为企业带去什么。一般常法的维护方向有合同交易、财税账款、公司治理与股权、劳动人事、知识产权、投资并购、交易上市……

人需要体检，企业也是这样，需要深入了解客户，发现问题，解决问题。

所以第一步，做法律体检。一般来说，法律体检主要包括以下几个项目：

第一，对股东结构、公司治理制度、营业模式等进行基本了解，对企业所在行业情况基本掌握。

第二，对公司整体概况做前期文档准备。

第三，从劳动人事管理出发，了解招聘、录用、用工、离职或解雇情况。例如：公司在招聘信息中，对员工的基本条件是如何要求的？公司在为新员工办理入职时，有没有给员工提供公司人事制度，并要求员工签收？公司在为新员工办理入职时，是否向其履行了告知义务？公司通常在什么时间内与员工订立书面劳动合同？公司通常在什么时间内与劳动者续签劳动合同？公司在与劳动者签订的劳动合同中，有没有对调职调岗做出相关约定？公司新员工入职多长时间享受年休假？公司如何要求离职员工办理工作交接？

第四，从合同出发，了解合同签订、履行情况。例如：企业是否有常用合同模板？是否每一次交易（包括租赁、买卖、加工、代销、经销等）都与对方签订了书面合同？企业合同范本是否由法律专业人士制作或审定？签订合同的人员是否经过专门的法律培训？平时是否坚持对重要商业伙伴生产经营等方面的信息予以收集和分析？订立合同时，是否对合同相对方的资信与经营情况进行调查？重要合同签订前是否实地调查对方当事人的情况？代签合同时，是否要求对方提供身份证明或授权委托书？在订立合同过程中是否有缔约过失纠纷？合同履行程序是否实现了书面化？合同履行时，相关凭证由对方业务员等签字后，是否继续要求对方负责人签字或盖章？是否存在合同先履行后签约、先签章后填写合同内容的情形？修改合同或协商解决合同纠纷时，有无书面文字材料？合同专用章是否有专人管理？合同专用章的使用是否进行登记？合同是否有从签订到履行的流程管理？是否跟踪合同解

律师执业心得
——写给法科新生的话

除后的后续事项?

第五,从宣传营销出发,了解宣传材料是否客观真实,是否含"第一""最"字眼,广告标语、图像是否侵犯他人权益,是否存在虚假宣传等情况。例如:宁德市蕉城区蕉南××商行在宁德中心城区发布含有"金砖国宴"内容的户外广告。违反了《广告法》第九条第(二)项关于"广告不得使用或者变相使用国家机关、国家机关工作人员的名义或者形象"的规定。依据《广告法》第五十七条规定,2021年6月,宁德市市场监督管理局对其作出行政处罚,责令停止发布违法广告,消除不良影响,并处以罚款20.01万元。

第六,从业务出发,了解公章和授权委托材料管理是否混乱,人、章是否冲突等情况。例如:"逗鹅冤"的老干妈与腾讯公司事件、当当网李国庆抢公章事件。

第七,从税务出发,了解税务政策、隐藏收入不入账、收入是否纳税等情况。

第八,从知识产权出发,了解商标、专利、著作权等知识产权持有情况。

最后,对风险提示、完善建议、工作开展等方面进行总结。

第二步，建立需求表。针对行业特质及服务需求，将无形的工作有形化，核心是解决问题。制作年度工作清单，罗列重点服务项目，进行各项数据分析、问题归纳及建议、制订下年度服务计划（常规项／针对项目）等。在企业人力资源管理、合同交易、应收账款、公司治理与股权、知识产权等方面解决法律需求，甚至提供增值服务，如投资并购、交易上市、债券发行、家族财富管理等。

有利剑，才能走天下。不同行业有不同行业的特性，但也有很大一部分内容相通，例如企业人力资源管理的基础内容离不开这几点：招人—开人—管人。根据痛点提出解决方案，汇编劳动用工必备文件也是必要的。问题解决一般有双方协商自行解决、通过法律途径解决这两种方式，但都需要扎实的知识储备和应变、沟通能力。

带大家看几个案例。

不签劳动合同，一定要支付两倍工资吗？

案例1：A公司与甲签订的劳动合同于2019年12月31日届满，A公司最迟应在2020年1月31日（含该日）前与甲续签书面劳动合同。但A

公司 2020 年 1 月下旬因受新冠疫情影响停工停产，无法与甲续签书面劳动合同。故 A 公司主张无须支付该段期间未签订劳动合同的额外一倍工资理由成立，法院予以支持。

案例 2：乙于 2014 年 7 月至 B 公司处工作，2016 年 2 月离开公司。2016 年 12 月，乙诉至法院，要求 B 公司向其支付未签订书面劳动合同的两倍工资。劳动者主张未签订书面劳动合同的两倍工资差额如已超过一年的仲裁时效，且用人单位提出仲裁时效抗辩的，则劳动者的诉求将不被支持。

案例 3：丁于 2016 年 3 月进入 D 公司工作，入职后 D 公司多次要求与丁签订劳动合同，但丁一直以各种借口拖延。同年 5 月，D 公司以书面形式通知丁要求其前来签订书面劳动合同，丁仍不予配合。故 D 公司作出了终止劳动关系的决定。如果因劳动者自身过错，如故意不签、拖延签订或"劳动碰瓷"等情形导致未能及时签订书面劳动合同，则用人单位无须支付未签订书面劳动合同的两倍工资差额。

如何开拓市场？

"这么多律师，我为什么要选你？""我们公司小，没遇到什么法律问题，暂时还不需要。""我们之前也有法律顾问，一年到头都没什么事情，挺浪费钱的。""如果需要打官司，我再找你，目前我们不需要。""我们欠人家钱了，人家老找我们，你们能帮我们把这个债给赖掉吗？""客户都是大公司，合同由他们提供，我们就盖章，没有权利去修改。"……

以上都是我在开拓市场时经常碰到的问题。应对这些问题，我们最需要思考的是：我的核心竞争力是什么？如果找我做他们的法律顾问，我能帮他们做什么？能给他们带来什么好处？

开拓市场主要有以下几个步骤：推自己、走出去、做产品、成团队。

推自己：推广知识、运用互联网直击企业法律痛点，例如可以利用 B 站、抖音、小红书、知乎等平台。精准的客户目标是业务的开始，我们也可以利用校友会、行业协会、园区、互联网……

走出去：企业宣讲、宣传，区分行业、分析市场、发现市场。

做产品：打造品牌、创新产品，成为企业全生命周期的法律顾问。如整理制作企业人力资源管理法律服务方案、合同管理与应收账款法律服务方案、劳动人事法律法规手册、年初入职工具包等。

成团队：建立属于自己的法律顾问团队。

开拓市场的核心是聚焦客户、建立信任，成为客户眼中的专业人员。

最后，祝大家越来越好！

律师行业"偏科"的重要性

胡海立

2002—2006年，浙江财经大学，法学本科。

现任北京康达（宁波）律师事务所高级合伙人、北京康达（宁波）律师事务所劳动与社会保障专业委员会主任、宁波市鄞州区劳动人事争议仲裁委员会兼职仲裁员，2010年5月取得律师执业证，2016年被评为宁波市鄞州区优秀律师，主要从事劳动争议、企业人力资源合规、合同类纠纷法律服务。

看到这个标题，大家应该能想到我说的是反话。在我们的固有印象里，偏科的学生必然有表现特别突出的学科，如果能突出到全校甚至全市闻名，那这个人就成功了，他的前途将不可限量。做律师也要偏科，而不是做全才，因为在律师行业里全才意味着平庸，说起来什么都懂，但都不精，你会做的其他律师都会，在这个以前叫竞争现在叫内卷的社会，这样是很可怕的。全才的律师，如果没有有效资源的对接或者遇到一个生命中的贵人，那么最终的结果就是比打工族强一点，但不会有太好的发展。当然律师行业的自由性是其他行业无法比拟的，这我在后文中会讲到。

择业时的无奈之举

我是 2006 届的毕业生，那一届法学专业分 2 个班，法一班和法二班，同学间关系很不错。很多人都说，学法律出路很少，不是考公就是考事业编，极少有人会坚定地说我的目标是做一名律师。现实确实如此，2 个班将近 100 人，做律师的不超过一手之数。毕业后大多数同学都进入公务员、事业编的队伍。其实那时的我也一样，参加过公务员考试，一次面试没过，还有一次连笔试都没进，之后就不想再考了。当然，在准备考公的时候我也在同时准备司法考试，做了两手准备。司法考试考了

3次才过。第三次的时候下了决心，再不过就换赛道，但老天还是愿意帮忙的，第三次考分为400分多点，成绩还算理想。回想起来，那时候的想法确实挺悲哀的，做律师似乎是考公失败后的一个无奈之举。现在从事了10多年的律师行业，反而有点感谢那时候的无奈之举，因为做律师有着其他职业不可比拟的优势。

⚓ 律师的自由

我个人认为，做律师最大的优势是自由。律师的自由主要体现在两个方面：一是时间相对自由。只要让自己的客户满意，除了开庭和处理客户的非诉业务时间，其余时间都是可以自由安排的，你可以学习、休闲、娱乐、交友，或干一些家庭杂事，这些相比于其他行业人员的动辄请假有着不可比拟的优势。当然，这是从我的现状出发来谈的，因为我已经做了10多年律师，有了自己的客户群，我只对我的客户负责。如果刚刚从事律师行业，还没有形成自己的客户群体，那么你必须同时对你的老师以及客户负责。二是业务选择相对自由。同样是法律职业共同体，法官和检察官的业务在很大程度上需要接受所在机关的统一安排，而律师可以自由选择某个领域的业务，甚至可以在执业过程中自由调整业务范围。

既然做律师这么好，那为什么周围的同学很少愿意做律师呢？律师的另一个标签是商人，是提供服务的人，如果商人不会做生意、做服务行业不知道怎么提供服务，那么就不会形成自己的客户群体，没有客户的话可能连生存都是问题。所以要做律师，找到一个好师傅、好的律师事务所是非常重要的，这能够在前期帮你解决生存问题，后期给你提供发展的平台和空间。如果能找到一个愿意把看家本领教给你的师傅，我觉得可以烧高香了。

从万金油律师到专业化律师

如果选择了做律师，那么千万不能走平庸路线。现在每个行业都很卷，律师行业也不例外，每年都有很多年轻人，甚至公检法退休的资深人士进入律师行业，现在律师行业的"二八定律"进一步扩大，越来越往"一九"方向发展，即90%的律师在争夺10%的标的小的普通案件，律师间的竞争越来越白热化，另外还有诸如其他的法律咨询公司、法律AI的侵入，如果再按照以前的思维模式做律师，那么路会越走越窄。现在做律师，应当往专业化方向发展，你会做的别人不会做，大家都会做的你要比别人做得更好，只有产品、服务差异化，律师才有未来。

关于律师应该研究哪个方向，业界主要有几种观点。第一种是资源论，就是根据自己的资源去匹配专长，你的资源偏向什么，就去研究什么。比如说：你的资源是政府部门，那就多去研究行政法；你的资源是民营企业，身边开公司的亲戚朋友多，自己家族也是开公司的，那就多研究对开公司有用的相关法律。企业管理"四只脚"——合同风险管理、公司法人治理、人力资源管理、知识产权保护，这些你都要去学。第二种观点认为，前期什么案子都要接触，通过接触大量不同类型的案件，找到自己感兴趣的方向，再决定走专业路线。第三种观点是，自己的带队师傅是哪个专业就跟着走这个专业。我认为要根据自己的实际情况来选择，我结合自己的经历讲讲为什么最终把劳动法作为我的专长。

我刚开始进入律所的时候，带队老师主要做民商事案件，还有一些海事类案件，偶尔也会做一些刑事案件，比较杂，所以我也接触了各类案件，但以民商事案件为主。我的老师唯独不做劳动案件，因为劳动案件标的小，都是一些鸡毛蒜皮的小事，总归让人感觉不太高档。以前我也是这样想的，就没有用心学习劳动法，更不用说深入研究。甚至独立执业以后我还保留着这种模式，有什么案子来就研究什么案子，做一个算一个。刚开始觉得这样挺好，各种案子都能接触，民商事案件法理是相通的，只要不是特别疑难复杂的案件，很多案件都能够触类旁通，凭经验就能做。就这样，我成了一名万金油律师，这样的情况持续了很多年。大概在做律师的第七个年头，因为业务量一直上不去，同时在工作中也逐渐了解到一些行业规则，比如说"二八定律"，我开始反思。很庆幸我身边有现成的学习榜样，这是一个几乎以律所为家、以工作为乐趣的非常特别的律师。他比我早 2 年执业，听其他同事说，他一进来就给自己设立了明确的目标。合伙人问他做什么样的案件，他说做劳动案件。劳动案件的标签就是标的小、烦、杂。于是，几乎所有合伙人的劳动案件都推到他那里。通过几年的努力，他一跃成为我们律所的劳动法专家，从最初给劳动者代理劳动仲裁案件到后来基本只接受劳动仲裁案件中用人单位的委托，这也给他带来了大量法律顾问的任职。但是他并不满足于这种常规模式，因为这些并没有给他带来业务量提升的预期效果。于是他选择走出去，经常参加培训，接触法律前沿信息，最终决定把专业方向转到股权设计。这其实是一个很痛苦的过程，从一个繁杂的门类转到另一个繁杂的门类，但是他以坚韧不拔的毅力顺利地完成了转变，他也迎来了大量的业务量。股权设计属于非诉业务，他从一个诉讼律师转变为一个非诉律师，一人就有70多家单位的法律顾问任职，难以想象他是如何兼顾这么多顾问单位的。很多人说成功可以复制，但我认为他的成功没法复制，他除了潜心进修专项法律，还花了100多万元进行商业培训，学习企业商业化运作，并自学财税知识，专门研究与老板沟通的方法。当时我想了很多，经过多

律师行业「偏科」的重要性

次考虑，决定进入家族财富传承这个新兴的专业市场，也花了一些钱进行这方面的学习培训。在进军家族财富传承市场的过程中，一次偶然的机会，我与他都被派到宁波镇海区设立的分所，他做主任，我做副主任。他对分所进行了规划，希望将分所做成一个小而精的律师事务所，通过团队化运作，将所有人的顾问单位打通。在这种情况下，我的"家族财富传承梦"受到了阻碍，因为顾问单位的服务清单里很少需要这个，而且我在接触家族财富传承的业务中也发现了一些问题，比如需要与信托公司保险、公司、银行等机构有深入的合作。在这种情况下，我听从了他的建议，并决定转为研究劳动法。

研究劳动法，要放弃其他业务吗？我审视自己，发现不具备这个条件，主要还是受生存问题的困扰，于是我把目标定为每天在劳动法领域进步一点点。研究劳动法是一个长期而枯燥的过程，劳动法领域的法律、法规、政策特别多，审判实务中经常会以本省高级人民法院、省劳动人事仲裁院甚至地方中级人民法院的一些会议纪要作为裁判的准则。而且劳动案件的自由裁量权比民事案件更宽泛，因此研究劳动法不是一件一蹴而就的事情。日积月累，我取得了很大的进步，在 2023 年原律师事务所并入北京康达（宁波）律师事务所后，我以劳动法专业特长竞选了康达（宁波）律师事务所劳动与社会保障专业委员会主任，并依托康达律所的大平台，竞聘了宁波市鄞州区劳动人事争议仲裁委员会兼职仲裁员，往劳动法专业领域纵向更深挖掘。

为什么要选择劳动法方向？有人说过，只要劳动法业务专，就能在律师行业立于不败之地。这句话是有一定道理的。因为有人的地方就会有纠纷，而企业是由人组成的，企业要发展就要对员工进行管理，在管理和被管理的过程中，就会发生劳动纠纷，而且很多企业老板为留不住人才而烦恼。因此，学好劳动法专业，在服务企业的过程中始终可以大展拳脚，如果能帮助企业管住人、管好人，那么有哪家企业会拒绝这样的律师为自己提供服务？

以上都是我的肺腑之言，也是我从业 10 多年以来的真实体验，希望能给大家带来一些帮助。

关于做一名合格律师的个人浅见

方智

2003—2007 年，浙江财经大学，法学本科。

现任浙江泽大律师事务所专职律师、高级合伙人，主要从事风险资产处置、疑难债权清收、困顿企业挽救法律服务，执业 13 年；担任九三学社浙江省社科基层委员会二支社副主委，九三学社浙江省法律与社会专门委员会副主任兼工作秘书、法律服务团秘书长、企业发展促进会副秘书长；浙江财经大学硕士研究生社会导师，盈阳金融科技学院客座教授兼实务导师、法学院实务导师，浙大城市学院法学院实务导师；浙江省法学会法治文化研究会副秘书长、破产法学研究会理事；曾获 2018 年度浙财校友工作先进个人、第八届"最美浙财人之桃李奖章"、九三学社浙江省委员会 2023 年度优秀社务工作者、参政议政工作优秀个人等荣誉。

执业律师在做什么

执业律师在做什么？这是所有要从事律师工作的人面临的第一个问题。个人认为，律师要做的就是处理社会关系。这里所说的社会关系，当然是客户关心的社会关系，对应到律师工作上，就是客户（法律关系主体）关心的社会关系项下的法律关系，处理方式就是运用法律，既有非诉也有诉讼的方式。对于法科生来说，必须深刻认知这点，我们无论接受何种法律主体委托，最终处理的都是法律关系。

以客户是商事主体为例，律师要处理的就是客户关心的商务关系项下的社会关系项下的法律关系，本质是运用法律手段处理出现风险或争议或不符合客户利益最大化的商务关系，使之尽量达到客户利益最大化的状态，如有可能，还要尝试通过法律手段修复商务关系，开启新的合作。当然，必要的时候也可以将对客户没有价值的商务关系归零或降低负面影响。

律师要具备的工作理念、方法论、法宝

首先是工作理念。我主要介绍一下，我们律所要求成员必须掌握律师法律实务的工作理念，即通过对客户关心的社会关系项下的法律关系进行分析，识别法律风险，并提供系统化、动态化的法律风险应对方案，实现客户的合法利益最大化。

其次是方法论。这个方法论是我的师傅李东升律师和我本人所带领的团队所奉行的基本律师实务工作的具体指导思想，简称"四个穷尽"，分别为穷尽事实、穷尽法律、穷尽证据、穷尽沟通，在"四个穷尽"的基础上全面分析项目法律关系。以下简单阐述"四个穷尽"的概念和基本关系。

穷尽事实：了解和熟悉客户对事实的描述（阐述），尽可能做到客观，加深对项目事实的理解。

穷尽法律：对项目所涉的法律关系项下的有关法律法规，如对宪法、法律、行政法规、司法解释、最高院内部会议纪要和批复、省级法院的司法规范性指导文件、上级法院类案、最高院公报案例（指导案例）、专家学者的观点、主管机构的相关规定或细则等进行研究，归纳清晰的裁判规则、司法

观点、法律实务操作要领等。

穷尽证据：根据对事实的了解和认知，按照自身掌握的证据法则，归纳、提炼、搜集有关证据材料，并对证据合法性、真实性、关联性和证明目的等进行论证，完善证据链或律师工作底稿或工作方案。

穷尽沟通：通过听、说、读、写等方式进行充分有效沟通，在穷尽事实、法律、证据的基础上，将项目法律关系梳理清楚，与相关各方，包括但不限于项目团队律师、团队内部成员、委托人、对方律师、对方当事人、委托人的竞争对手（合作相关方）、裁判机构及其相关人员等进行充分有效的沟通，努力将自身的认知提升到与不同主体相同或更高的水平上。对此，建议大家在日常工作中有意识地训练自身的这四项基本工作能力，即听、说、读、写能力，着重补齐这四个方面的短板，提升自身的综合素质。

在处理法律事务时，律师要牢记上述"四个穷尽"是相辅相成、缺一不可的，事实、法律、证据的穷尽，都是通过沟通实现的，同时在沟通中不断增进对项目的事实、法律、证据的认知，不断提升办案水平。

最后，律师执业的法宝就是法律关系分析方法。在具体处理项目的过程中，尤其遇到重大、疑难、复杂的案件或项目的时候，我们要注意正确把握案涉项目的法律关系分析。打个比方，一个刚冲泡上沸水的茶壶，我们需要借助茶柄才能安全拿起它，并将茶水倒到杯子里，抓住法律关系就等于抓住这个项目的茶柄，即在"四个穷尽"的基础上，完成对案涉社会关系项下的法律关系的专业分析。

分析法律关系的主体、客体、权利和义务的内容，即可以清楚知道谁和谁之间产生、变更、消亡了什么样的法律关系，主体之间分别享有什么样的法律权利，承担什么样的法律义务，面临什么样的法律责任，等等。通过上述分析就不难把握客户关心的商务关系项下的法律关系，知晓客户处于什么地位，有什么权利义务，具体法律关系处于何种状态，后续可能如何发展，如何依据法律关系的权利义务动态地指导和规划法律关系向客户的合法利益最大化方向发展。

律师执业对法科生的要求

律师执业对我们法科生有什么要求？首先，法学理论功底要扎实，这也是最重要的一点。我们知道任何一门法学课程，都会在总论部分讲到法律关系，例如民法学，肯定会阐述民事法律关系的基本原理，会系统阐述民事法律关系的概念、主体等基本内容。倘若我们在校期间不好好学习基础法学理论，那么就不可能完成对社会关系项下的法律关系的分析，更不可能完成对疑难复杂的社会关系项下的法律关系分析。进一步来讲，若不能把握法律关系，就无法较好地做到其他"三个穷尽"，也无法为客户提供解决法律问题的思路和落地的系统化方案，更不可能匹配客户的诉求。

法学理论指导司法实践，司法实践反哺法学理论。通过律师实务，不断加强法学理论的学习，反过来不断加深对法律实务的理解，最终形成自己的法律思维，在完成当事人合法诉求的同时实现自我价值。值得一提的是，针对法学理论学习，我建议不要片面化地理解法学体系，应扎实学好各门专业基础课，并不断夯实部门法的基础，因为任一客户面临的法律关系项下的社会关系都是错综复杂的，且都可能承担不同的法律责任。民商、行政、刑事责任，本身就是三位一体的，不能只学民商就荒废行政、刑事，或者只学刑事而荒废民商、行政。这几年我们律所招聘的硕士研究生明显对基础部门法的掌握和理解有误区，大家千万要注意综合学习。

其次，获得业务的能力与处理业务的能力两手都要抓。法科生要明白，大多数律师的创收是不高的，不能被各种所谓律政题材的影视剧（个人认为充其量算是都市偶像剧）给带偏了，法科生一定要破除这个误区。这意味着律师执业不是一蹴而就的，不是领取实习律师证书，实习一年领取执业证书后就是大律师了，业务收入就日进斗金了。

个人认为，一个合格的律师不仅要掌握处理业务的能力，还要掌握获得业务的能力。如果成功维护了一个当事人的合法权益，那么这个当事人就是你律师执业生涯中最重要的口碑宣传者，兢兢业业做业务，客户自然会源源不断，积累到一定阶段自然会有质变。你在提升法律服务能力的同时，也会提升获得业务的能力。

　　加油，各位师弟师妹，抓住现在，开拓未来，未来为你们而来，看好你们。

律
师
执
业
心
得
——
写
给
法
科
新
生
的
话

律师执业的些许体悟

夏亮

2003—2007年，浙江财经大学，法学本科。

2018—2021年，浙江大学，法律硕士研究生。

现任浙江六和律师事务所高级合伙人，浙江财经大学硕士研究生社会导师、衢州仲裁委员会仲裁员、景德镇国际仲裁院仲裁员、工信部认证互联网金融管理师、数据资产评估师。主要从事征地拆迁、数据合规、科技成果转化、知识产权等法律事务，参与杭州市政府1号征收令项目、制定浙江省《科技成果公开交易规范》、主办知名动漫IP"火影忍者""妖精的尾巴"等系列诉讼及非诉案件，历获杭州市律协新星奖、华东律师论坛三等奖、浙江省律师协会论坛一等奖、"三改一拆""五水共治"法治保障优秀研究成果三等奖、首届杭州市"法律服务产品"大赛二等奖等。

我 2007 年毕业后参加司法考试首试不利，但因志在律师，遂坚持边复习边工作，于 2008 年通过司法考试后便从房管部门辞职投身律所。从业 16 年、执业 14 年，我对律师生涯有了一些阶段性体悟，得此机会撰文共飨。

我以为，因为高自由度和自主驱动，律师是一个时刻需要自主平衡的职业。围绕律师身份进行各个方面的平衡，并以多面的平衡共同构成健康良性的执业状态，是这一行业始终需要修炼的课题。职业选择、工作心态、胜负欲念、荣誉成果、家庭生活、执业理念，诸多方面的自主平衡构成了目前我认为的相对健康的执业态势。

在自我审视中保持平常心

要不要成为律师？如何成为律师？成为怎样的律师？对于这些问题，我现在也许能娓娓道来，但最初投身行业时是无暇多想的。倘若现在准备成为律师的校友有闲心，最好能先审视自己一番，从入门之初就做好自主平衡建设。

首先是自身的内蕴能力。能言善辩是律师的标签，以此审视自我是否具备思辨之能力、论战之天赋和细致严密的逻辑思维；如果不具备，是否有为之奋斗提升的勇气、毅力与觉悟。如果没有这些，并且也没有后文提及的气运，就需要进行内心自主平衡建设。天赋，可以据辩论、演讲来自检；努力，可以从自律开始，不自律等于无努力之潜质。

其次是自身的外溢条件。有不少初来乍到的年轻人常对人脉资源等嗤之以鼻。其实这些属于个人气运，构成其能力的一部分，是否能活用、善用，是对外在环境适应的考验。外溢条件如何挖掘、发展、联结、善用，也是值得终身修行的。

那么，以上两方面是否是律师的必备条件？答案是否定的。其实它们是成为一名行业头部精英的条件，并不是从事这个职业的硬件指标。我想说的是，如果过于执着于精英地位却没有与之匹配的条件，可能会影响心态，有志于从事律师职业但在硬件上并不如意时要坦然面对，不要让对优秀者的艳羡变成自我的心魔，不要因为硬件优劣而放弃一念之初的选择。纵然渴求变强是成为优秀律师的内驱力，但是精英毕竟是少数，即使成为一名不那么出众的律师，也是十分精彩有趣的。

执业的平衡调整

　　所谓执业的平衡调整，我认为有三个方面：宏观领域下的赛道选择、微观视角下的个案操作以及工作和生活的关系。

　　所谓赛道选择，就是律师行业发展趋于成熟后红海频现，为了生存而被动发展出来的行业论，本质是争夺某一行业的法律话语权。专业是恒久稳固的，行业是日新月异的，赛道成熟必然伴随着竞赛者的涌入，所以律师对行业选择要有危机感和时刻主动调整的勇气与决心。比如我，执业之初跟随老师主攻拆迁，随着 2011 年《国有土地上房屋征收与补偿条例》出台，一时间房产管理局不再下发拆迁许可证，转由市、区政府以征收形式承继拆迁业务。因为政府业务的优势不凸显，我继而从服务拆一方转向服务被拆一方，同时又选择互联网、文娱作为新赛道。网贷初起时，我与志同道合的同事投身互联网金融法律服务。之后，随着 P2P 被全盘否定，又重新审视赛道。凡此种种，不下四五回。所以"兵无常势、水无常形"，不要想着某一行业能长新不朽，律师要通过不断学习来维持知识新旧交替的平衡。

个案操作是指在个案办理中要有职业操守和利益追逐的平衡，也要有行规道义和胜负欲念的平衡。首先，标的联动的收费模式决定了律师收入上限很高，部分律师容易被利益驱动而做出一些损害当事人、危及职业共同体利益的行为，这样的现实案例不胜枚举。其次，从事诉讼的律师以胜诉为目标，斗争心和胜负欲强，不排除为了胜诉做出一些违反行业规则、突破执业规范乃至违法犯罪的行为。所以，逐利和求胜需要我们自主定义边界，可以在天平上尽可能地加足砝码，但必须维持不破坏稳定局面的平衡。

鲜有律师能做到工作和生活的平衡，如果有，那么他会获得无上的快乐。律师有得天独厚的时间优势，只要度过起步的实习期和成长期，成为独当一面的律师后，是有空间来平衡工作与生活的。常有同行道："做不完的业务。"这句话其实是想说不要忘情于工作而疏远了家庭，忽略了生活之美好。

我在日常工作中，除却开庭、重要会议等，通常把会客面谈、团队沟通等事宜安排在上午10点半以后，仅仅是因为单位距离家要一小时车程，而我要保证充足睡眠。到了下午我通常喜欢约1点甚至更早的时间会客，这样能有充足的时间给家人做一顿晚餐。也许在一些同人眼里，我是懒散不上进的形象，但做业务本身不就是为了更好的生活吗？如果能有机结合，让工作之所见丰富家庭生活谈资，让生活闲暇之放松提供充盈的工作动力，就幸甚至哉了。

执业理念的建立与认同

执业一段时间后，或长或短，都会涉及理念建立这类深层次的问题。我们可以自行打造执业理念，也可以在既有的企业文化中去认同、去选择。总之，要给自身的执业精神立一杆旗。

我所在的执业机构以佛家禅语为所训，构建事务所文化。我通过学习来认同，进而再解释和重构，形成自己的且符合事务所倡导的理念。我所在的六和所认为律师是六种形态之人——政治人、法律人、经济人、社会人、文化人、生态人，六人合一。我又学习了佛教文化之"六和"，认为与代表空间维度的"六合"能遥相呼应，也找到了以"六和"为根本的执业理念。正所谓"人道以六制"，六人于六合之内达成六和，实为"六人合一"。

"口和无诤"是"政治人"觉悟的基本要求，也是六合之"上"的意味。当下，社会各种思想、政见纷杂，或褒或贬，而"政治人"的信念不应为乱风所摇、野火所炙。谨言慎行是律师面对政治应有的态度，如何理性地看待、分析、贯彻自"上"而来的政策理念，我认为应从"无诤"做起，少一些评头论足，多一些深思熟虑，言语的精彩闪耀于争辩与互驳，却升华于调和与理解。

"见和同解"是"法律人"素养的识别标签，也是六合之"下"的意味。律师执业生涯的精彩程度是其余职业工作者无法比拟的，所见纵横交错，维度多重，并且更新变化的速度极快。所以，一同解读所见是律师们的乐趣和素养所在——法律人应当学习不止。同时，法律又是社会运作的底线，法律人的修行要注重法律视角的培养，审视"下限"

所在，立于法律这根"下线"，也是新视点开启的另一扇门。愿我等都能觅得志同道合之士，促膝长谈，获得新解。

"利和同均"是"经济人"思维的终极体现，也是六合之"前"的意味。职业律师盈利是重要目标之一，所以待人接物要向"钱"看，但也要向"前"看。互相倾轧、恶意竞争无法共生共赢，但"利和同均"的"均"也非绝对均衡，而是以体制、规则均等为原则，这样方能共生共利、携手并进，于取财之时仍前行不息。团队之间需有竞争机制，没有奖励就没有动力；领导层面需要制衡策略，每个团队均衡才有大趋势的平稳奋进；但整体的利益是一致的，只有共同进步才能使行业整体壮大。所以，律师应当善于发现利益的共同点，达成共同繁荣。

"戒和同修"是"生态人"处世的价值取向，也是六合之"后"的意味。我认为生态的概念不止于现实生活的环保、健康，还涉及价值观的高尚、纯洁、积极。社会上充满各种诱惑，戒不破不称为戒，修常修始是为修，只有戒修更迭之间常有醒悟，方能为后世之"后"营造健康的生态环境，传承正派的生态风气，而维系这份辩证所在的就是"同"。

"意和同悦"是"文化人"修为的完美演绎，也是六合之"左"的意味。对于"文化"，迄今无法给出一个准确的界定，简单来说就是以文化之。自汉以来，尊右卑左，唐宋虽有反复，但现在基本是共识。"左"本身也有逆向、违反习惯的意思，而文化修养往往因与主业无甚关联被认为无关紧要，但它常常超然于业务水平之上成为评价律师的重要指标。一位优秀的律师站于人前，其内在的文化修养会形成气场，影响并触动着当事人，万不能忽视个人文化素养的培养。并且文化修炼不能只靠"闭门造车"，互动与联合才是首选。值得分享的意见应该通过讨论来使众人悦纳，进而推广传承，树立信心。知识在流动中平衡，相信我等都能为彼此的一瞬灵犀而抚掌击节。

"身和同住"是"社会人"理念的本质追求，也是六合之"右"的意味。"右"作为大多数人的惯常方位，已然是惯性、习性的代言词，这也要求把"社会人"的锤炼作为日常的必修课，律师要摒弃单兵作战，把团队一词放进执业生涯的词典中。

领导常言：一是关心事务所，二是奉献精神。这两点就是"身和同住"的最好注解。"身和"不仅要志趣相投，单单为了名利是难以长久聚集一处的，只有人人具备奉献精神，才能打造独有的团队归属感和工作友情观。人作为社会性的动物，必须学会融入社会，学会沟通交流，信息的传递才有平衡的可能。

以上所述，达成了我目前执业理念与为人处世的自洽平衡。

✏ 写在最后

一篇短文实难描述律师工作精彩之万一，它是属于每个律师校友的独特花园，律师生涯中的任何一个节点、任何一个拐角，都能开放式地包容所有的可能性，不能因追求一个维度的极致，而放弃相对应的维度，要致力于实现最终的平衡。换个说法就是，思虑再三而后行。

头上有星辰　心中有德法

姚卫芳

2003—2007 年，浙江财经大学，法学本科。

2017—2022 年，中国人民大学，金融学硕士研究生。

现任北京盈科（上海）律师事务所股权高级合伙人、管委会副主任、公司法律事务部副主任、中共盈科党委第一党支部书记、盈科全国女工委副主任；主要业务领域是公司合规、公司股权设计、收购并购、商事诉讼及仲裁、经济刑事案辩护等；受聘为多家商学院 EMBA/DBA、企业园区、创业孵化基地的法律实战培训导师，执业 14 年；任上海市静安区第十一届律师代表、上海市静安区第二届女律联理事、上海市律师协会金融委员会委员、欧洲商学院 DBA/EMBA 客座教授、上海电视台法治综合频道嘉宾律师。

曾获 2012 年度上海市静安区优秀青年律师、2013 年度上海市静安区优秀青年律师、2017 年度盈科上海青年英才奖、2018 年度盈科公司法律事务领域优秀律师、2022 年度盈科优秀党员律师、2022 年度盈科全国优秀女律师、2023 年度盈科优秀商事律师等荣誉。

我的律师职业初心

时光飞逝，转瞬间我已从浙江财经大学毕业 10 多年，执笔写此文的时候，心里涌动着的是无尽的眷恋。"问渠那得清如许，为有源头活水来。"我想能在律师职业这条道路上坚持做下去，和我当初在浙江财经大学 4 年的求学经历息息相关。韩愈说："师者，所以传道、受业、解惑也。"在大学里，我学到了系统的法律知识和技能，也学到了为人处世的道理和主动学习的品质，明白要融会贯通，要拓展知识视野，等等。大学期间掌握的法律思维能力，为我之后的职业生涯打下了坚实的基础。

我的律师职业心路历程

第一步，找到你热爱的事业，它将伴随你走过每一个迷茫期。在我拿到律师执业证后，从事律师的第一年是我较为艰难的起步期，而正是我对律师这份职业发自内心的热爱和信仰，让我度过了这段迷茫期。我一直觉得律师是一份神圣的职业，我可以在每一个案件中获得不一样的成就感。

我非常认真地对待每一个小案件，像打造艺术品般修改合同。慢慢地，我收获了一个又一个客户的信任和感激，不断地收到客户寄送来的锦旗、感谢信。正是我接触过的每一个客户朋友的信任和支持，让我在律师职业道路上越走越顺。我收获的这些沉甸甸的信任，时刻勉励着我砥砺前行，不辱使命，不忘初心。

在执业之初，我做了很多公益案件。印象颇深的是一个法律援助案件，那是一个劳务纠纷案。我以法律援助志愿者的身份，为一个经济困难的劳动者提供无偿的法律帮助。法律以证据为依据，而劳动者缺乏法律保护意识，往往有理却得不到法律的支持，进而走入"死胡同"。心里郁结，没地方释放，我凭借女律师特有的专业和细腻帮其解开了这个结，给予其精神安抚。最终，经过协调，用工单位在法官的组织下给予个人一定的经济补偿。让我感动的是，案件结案之后每年的元旦，这个曾经的受助者都会给我打电话说几句新年祝福。这只是我做过的众多法律援助案件中小小的一起，他竟然这样感谢。他的这份感恩之心感动了我，让我感受到一种更大的能量。看似我帮助了他，实则他给了我更多的美好回忆和前行力量。我只是用自己的法律专业解决了他的纠纷，我只是在案件中用心去做了，却无形中带给别人一缕阳光，让他在今后的人生中相信社会有正义和良善。我想这可能是他如此感恩我的原因。我们用专业技能帮助化解了很多社会矛盾，让社会更美好，这正是这份职业的魅力所在。

第二步，用匠心打磨技术，走专业化道路。走向专业化是律师执业的最终发展方向。于我而言，我的定位是为企业保驾护航。由此，我给自己定位的核心专业方向是公司法律事务、公司合规建设、公司收并购等几大块。

目前，企业对公司法律事务律师的需求其实是非常大的。对于一家企业来说，法律风险的预防极其重要。预防得好，可以规避很多法律风险；预防得不好，麻烦不断，如果不诉讼，权利将无从维护，如果诉讼，又可能因为当初防范不到位、证据不足而维权困难。我很庆幸，这几年越来越多的公司法律风险预防意识明显提升，很多公司在筹备成立阶段就会聘请法律顾问，并咨询公司章程、未来股权激励等各方面的问题。

曾经有一个客户，在项目运作谈判阶段聘请我做专项法律顾问，我通过参与谈判、审理合同以及详尽的尽职调查、出具专项法律风险意见书，帮助客户发现双方合作过程中的重大知识产权瑕疵。这一瑕疵就是一个隐形炸弹，一旦爆炸，客户前期的300万元加盟费以及后期大力投入的上千万元线上网络建设费用、市场推广费将全部打水漂。

在担任公司法律顾问和项目专项法律顾问时，律师更像谋士，道通天地、运筹帷幄。律师建言献策，为客户保驾护航，这就是律师的价值所在。当然，做商事律师，需要具备极强的综合能力，除了专业知识、法律思维，还需要具备商业思维、管理知识，能抓住企业的核心要素，想客户所想，这样才能提供对客户真正有价值的服务，而不是简单的就法律论法律。

第三步，培养做一名好律师所需要的强烈信仰。一名律师是否优秀，不能简单地用创收业绩来衡量判断。我觉得优秀是一种素质、一种习惯。作为一名优秀律师，需要具备以下几种素质。

第一，要有很强的逻辑思维能力，这是律师的基本素质，如果这方面不是特别擅长，建议多看看相关书籍提升自身思维能力。

第二，要有较强的抗压能力。在办案中也要有信仰，要相信方法总比困难多。

第三，要时刻保持学习的心态，学会向身边的人学习。

第四，态度胜于一切。做每一件小事都要任劳任怨，认真负责，想客户之所想，急客户之所急。

第五，谨记职业道德。律师是社会主义法治的践行者与公平正义的守护者。作为法律服务提供者，律师的言行不仅影响着客户的利益，也关系到整个社会的法治进程。律师必须时刻保持警醒，不断提升自己，以确保服务能够符合各项职业道德准则和执业纪律规范的要求。

对同学们的建议

首先，也是最重要的，大学期间，同学们要打好扎实的法律基础，同时要刻意培养自己的法律思维。因为法律是日新月异的，我们面临的案件项目也是错综复杂的，最终帮助我们找到处理方案的，就是法律思维能力。同时，同学们要关注最新的商业趋势，研究最新的商业模式，学习最新的办公软件和互联网技术，这些可以帮助你实现弯道超车。

其次，商务律师的职业礼仪与专业形象很重要，要做一个既有内涵又有外在的法律人。中国自古以来就有礼仪之邦的美誉，做律师要注意着装得体、谈吐优雅、礼貌待人。之所以特别强调这一点，是因为我发现现在录用的很多实习生或者助理律师，对礼节这一块很不重视。例如，看到带教律师，不会主动开口问好；和客户沟通事情，连起码的尊称都没有。拿破仑说过，世界上最廉价的但能够得到最大收益的一项品质就是礼节。希望同学们能从大学时期开始，培养自己尊重他人、知礼守礼的品质，如此到了社会工作中，才会更加得心应手。

律师执业心得
——写给法科新生的话

同学们还要注意培养兴趣爱好，因为这些能让你有一个有趣的灵魂。一个有着广泛兴趣爱好的律师，一个拥有有趣灵魂的律师，是会很受客户爱戴和欣赏的。

他山之石，可以攻玉。大量阅读非法律专业书籍，包括历史、人文、心理、哲学、管理等，也是极其必要的。很多时候，尤其是作为一名商事公司的律师，我的很多解决方案并非来自法律条文，而是源于阅读的灵感。

律师是一份神圣的职业。康德说，世界上有两件东西能震撼人们的心灵，一件是我们心中崇高的道德标准，另一件是我们头顶上灿烂的星空。同学们，期待你们通过自己的努力为中国的法治建设添砖加瓦。未来，你们可能会经历很多困难，希望你们永远满怀激情、满怀梦想，栉风沐雨不改从容、披荆斩棘乘风破浪，奋力书写未来人生中的每一个崭新的篇章吧。

千里之行，始于足下。同学们，一起出发吧！

专职律师的 13 年，
一名法学本科生的坚守

黄晓敏

2006—2010 年，浙江财经大学，法学本科。

现任浙江泽大（丽水）律师事务所副主任，丽水市律师协会婚姻与家庭委员会主任、文化宣传与建设委员会副主任，浙江省法学会劳动法学研究会理事、丽水市劳动人事争议仲裁委员会兼职仲裁员，莲都区人大法制委法律咨询专家库成员。曾获浙江省第三届优秀女律师、丽水市绿谷新秀等荣誉称号。

2010 年 6 月，我从浙江财经大学法学院（原浙江财经学院）毕业回到丽水开始实习律师生涯，如今已有 10 余年。律师是我的第一份工作，大概率也是我毕生为之努力奋斗的事业。回首 13 年律师执业生涯，对我而言，是一种回忆，更是一种思考、总结，思绪万千却内心坚定，充满感恩。

对律师职业的热爱，是坚守的初心

"我为什么要做律师？"这是每一名法科生踏进律所前应当首先发出的疑问。当我们心怀梦想从法学院毕业时，总有那么一些人会选择去律师事务所。但每个人的初衷大不一样：有部分人坚定考公，去律所只是考公失利后的暂时过渡；有部分人没有明确的目标，认为律师自由且高薪，去试试也无妨；也有一部分人立志成为律师并坚定地勇往直前。我大学毕业即进入律所实习，不敢说这一定是最好的选择，但保持对律师职业的热爱，一定是我可以长期坚守的初心和跨步向前的动力。

第一，目标坚定，才能全力以赴。无论是参加律所实习律师面试考核，还是参加律协实习律师面试考核，我都会习惯性地问应聘者：为什么选择做律师？未来会考虑考公吗？当碰到比较坦诚表示坚决要考公的实习生，我会建议先努力考公，等有一天想以律师为业了再来律所。我认为这是少走弯路的较好选择，否则，一边考公一边实习，会导致有限的精力被一分为二，会压缩工作时间，让弥足珍贵的一年实习生涯变得敷衍了事；更有甚者，一心两用很有可能导致考公失利，倘若最后选择留在律所，这对执业生涯也是个不小的损失。若一门心思要做律师，实习期间会争取一切机会拜师学艺，且愿意花更多的时间去思考并做未来执业规划，这些都会促成自我的成长、成才。

第二，保持热爱，才能守住前期的寂寞。外人眼里所谓的高收入、时间自由，很大程度上与刚执业的青年律师无关，当然也有例外。我曾见过一个简历非常漂亮的 211 大学法学院研究生听到实习律师的待遇时直接呆住，我非常理解高才生对自己多年辛苦付出的期待，但实习律师或者刚执业的律师真的很难实现高薪酬。我认为，执业的前 3 年甚至前 5 年都是学习期，唯有足够热爱，才能保持初心，守住前期的寂寞，用一段时间的沉淀来迎接属于律师职业的曙光。

律师执业心得——写给法科新生的话

方向比努力更重要，适合自己的
才是最好的

留在大城市还是回到小地方？大律所好还是小律所好？说实话，真的没有标准，每个地方都有出类拔萃的律师同人，只是选择的方向不同而已。大城市案件体量大、专业性强，小地方更注重人脉资源、案件类型相对单一，等等。我作为一名地级市的执业律师，在30余人的本土律所实习，并在执业了5年多之后跳槽到大律所在当地的分所，应该说各有利弊，没有了本土律所前期的情感积累和律所内部培养的制度倾斜，但也突破了原来的安逸圈、舒适圈，依靠总部的资源，在激烈的竞争中寻求执业律师更多的突破和发展。如果有人问我哪段经历更好，我真的很难下定论，只能说都能愉快地执业并有所收获。

所以，选择律所前一定想要清楚自己要什么，未来想走怎样的执业道路，是专业的还是传统的，是团队化的还是单打独斗的，只有清楚自己的追求才能精准定位，然后朝着选定的方向坚定不移地走下去。当然，在平台、地域基本符合自己要求的前提下，指导律师的选择也十分重要。指导律师的专业程度、办案的缜密程度以及为人处世的风格、对待徒弟的要求都会在很大程度上影响、决定一个年轻律师的成长、定位。律师是一个实践性非常强的职业，没有前辈手把手的指导，没有足够案件的磨炼，年轻律师摸着石头过河真的非常难，会走很多弯路，更有甚者，没有执业的安全感，很难在这条孤寂的职业道路上坚持下去。很庆幸，我的指导律师是从体制内辞职出来的，对书写文书的高要求以及对案件研判的缜密一直伴随、影响着我，使我在从事政府法律顾问工作时具有很大优势。

理论与实践结合，用专业水准展示律师的真实力

为了缓解就业压力，越来越多的人涌向律师行业，可以说竞争已经到了白热化阶段，相比于资深律师，青年律师在经验和资源方面面临很大的挑战和压力。如何在激烈的竞争中发挥自己的优势并且脱颖而出，是每个青年律师都应该认真思考的问

题。我认为，归根结底还是专业，即扎实的法律功底和专业的服务。青年律师要走出一条属于自己的专业化道路，任重而道远。

首先，兴趣是最好的老师，应精准定位专业。结合自身兴趣、教育背景、市场需求和行业发展趋势，选择一个具有发展潜力和结合了自身优势的专业方向，并坚定地走下去。人人都懂的不叫专业，研究别人难懂的，做别人做不了的，才是专业。

其次，学无止境，及时更新专业知识。律师是一个需要永久学习的职业，必须及时关注法律法规的更新和相关领域的学术研究成果。通过参加培训课程、研讨会，阅读专业书和论文等方式，不断提升自己的理论水平。没有扎实的理论基础，律师的发展之路将失去根基。参加理论研讨会及写作专业论文，是律师对某一领域保持思考及在同行面前展示自己专业水准的良好渠道。

再次，实践是检验真理的最佳标准，专业化需要实战案件的锤炼。积极参与各类案件的办理，积累实战经验，在实践中不断总结反思，才能切实提高解决实际问题的能力。律师是强实践的行业，所有的专业知识最后都必须融入案件实务中。

最后，建立人际关系网络，加强自我营销。律师除了潜心研究案件，还需要与同行、专家学者、企业法务等建立良好的合作关系，通过交流合作拓展业务渠道，获取更多的学习和发展机会。曾经有前辈告诉我，律师开展专业化法律讲座是最高级别的自我宣传，这几年我亦把普法作为硬性任务来完成，每一次讲课都需要对授课内容进行深层次研究，这本身就是一种学习，然后通过讲座的方式传授给听众，宣传自己的同时也能充分感受到授业解惑的职业价值。

在这个自媒体时代，律师也必须与时俱进，合理利用互联网、社交媒体等平台，展示自己的专业能力和成果，提高个人知名度和影响力。

以专业的服务增加当事人的体验感

律师的专业重要，服务亦重要。当事人是否选择你，在专业相当的情况下，很大程度上取决于你能否给予当事人好的服务体验。首先，要知道客户需要什么。客户的需求可以分为基本需求、期望需求、预料之外的需求等，要尽可能地透彻分析客户的需求，让律师的服务产品化、标准化、精细化。其次，重视服务过程，真诚对待每一名当事人，很多时候客户不仅注重案件结果，而且非常注重案件的服务过程。律师难以左右案件的结果，但可以让客户在过程中充分感受到法律服务的价值。毕竟让每一个客户满意，不仅是对委托人负责，亦是律师通过"口口相传"宣传自己、拓展案源的较好方式。

作为一名执业13年的律师，未来我将一如既往坚定地走在这条执业道路上，秉持法律人的初心，在热爱的岗位上，以专长为需要的人和单位提供力所能及的法律帮助。对于法学毕业生来说，律师的职业门槛或许没那么高，但律师执业之路必然是艰辛且充满挑战与惊喜的，既来之则需热爱之、坚守之，并一路迎难而上，终会迎来执业春暖花开之时。

当一名有正义感的女律师

吴晓洁

2006—2010 年，浙江财经大学，法学本科。

2016—2019 年，浙江大学，民商法学硕士研究生。

现任北京盈科（杭州）律师事务所党委书记、二级律师、婚姻家庭与财富管理法律事务部主任，专业领域是婚姻家庭、财富管理法律服务，执业 14 年。担任中华全国律师协会婚姻家庭法专业委员会副主任、浙江省律师协会第十一届理事会常务理事及道纪委委员（行风监督委员会主任）、浙江省律师协会婚姻与家庭专业委员会主任、浙江省律师协会女律师工作委员会副主任、浙江省直属单位离退休干部法律服务团副团长、浙江财经大学硕士研究生社会导师、杭州市首批首席法律咨询专家。曾获浙江省优秀女律师、中共杭州市律师行业委员会"优秀党务工作者"、浙江财经大学"最美校友"、浙江财经大学"浙财氏家"等荣誉。

党建引领，踔厉奋发

    我在大学二年级光荣加入中国共产党，至2024年党龄17年，现任北京盈科（杭州）律师事务所党委书记，坚持以习近平新时代中国特色社会主义思想为指导，深入学习贯彻党的二十大精神，深入贯彻习近平法治思想，坚持党对律师工作的领导，引导律所律师坚定拥护"两个确立"，坚决把"两个维护"落实到实际行动上，把拥护中国共产党领导、拥护社会主义法治作为律师从业的基本要求，努力做党和人民满意的好律师。我在执业过程中遵守职业道德、执业纪律及行业规范，已连续三届担任浙江省律师协会道德与纪律委员会委员，积极参与浙江省律师协会的道纪工作，包括第一届的惩戒工作、第二届的复查工作以及目前的行风监督工作。2024年6月，我获得了中共杭州市律师行业委员会"优秀党务工作者"的荣誉称号。

当一名有正义感的女律师

专业敬业，深耕细作

我在婚姻家庭与财富管理法律服务领域深耕 10 余年，在处理婚姻家庭纠纷、遗产继承以及财富管理传承等方面有着丰富的实操经验和独到见解，善于将理论与实践相结合，始终坚持为每一位当事人提供量身定制的法律服务，切实满足每一位当事人的法律需求，真正做到案结事了。

我在北京盈科（杭州）律师事务所内一直担任婚姻家庭与财富管理法律事务部主任，任职期间带领部门律师坚持走专业化道路，每月召开部门例会进行集体学习并研讨疑难复杂案件，组织部门律师通过多种社会平台开展普法公益讲座或公益法律咨询，集力集智出版婚姻家庭法律领域的专业书籍等。我主编的《民法典时代，如何守护我们的婚姻和财产》深受社会大众好评，并于 2022 年 3 月入选国家新闻出版署 2022 年农家书屋重点出版物推荐目录，属于国家级的奖项。这本书由部门律师共同撰写，大家都备受鼓舞。我也由此更坚定走深走实婚姻家庭与财富管理法律专业化道路。作为部门负责人，我始终坚持以身作则带头办好婚姻家庭与财富管理法律领域的每一个诉讼案件或非诉讼案件，并在征得当事人同意后认真撰写经典案例，以供内部学习参考；始终坚持以身作则带头撰写论文，先后撰写《离婚案件中网络店铺分割探析——以浙江省法院判决为例》《浅议托坦信托与中国借鉴》《打印遗嘱的性质与效力探析及对民法典继承编打印遗嘱部分立法的完善建议》《〈民法典〉视野下离婚经济帮助制度的实务运用——以浙江省为例》《〈民法典〉背景下家务劳动补偿制度在司法实践层面的突破与挑战》等，获省市律师协会以及省法学会颁发的二等奖、三等奖；始终坚持以身作则带头研发法律服务产品，2019年研发的两项法律服务产品——"夫妻共同财产的识别与分割法律服务产品""意定监护操作指引产品说明书"分别获杭州市律师协会第二届"法律服务产品"大赛三等奖、优秀奖。

我自担任浙江省律师协会婚姻与家庭专业委员会主任以来，为了进一步提升浙江省婚姻家庭律师的业务能力，并夯实浙江省律师协会婚姻与家庭专业委员会的专业品牌，每年都精心策划组织多场活动，并创新设立"浙江律协家事说法"微信视频栏目，每周进行线上普法（适合疫情下的公益普法形式），同时牵头起草了《律师担任遗产管理人业务工作指引（试行）》。

热心公益，传递正能量

我也是一名公益律师，曾担任浙江省律师协会女律师工作委员会副主任（分管公益）、浙江省法治文化基层普法志愿者、浙江省女律师普法讲师团成员、浙江省律师妈妈保护未成年人权益法律服务团副团长兼秘书长、浙江省民法典普法讲师团成员等。我始终坚持以自己的法律专业力量做好每一次公益服务，包括办理法律援助案件、开展法律公益讲座、进行日常法律公益咨询解答等，精准帮助确有法律需求的弱势群体。

我还作为发起人之一设立浙江财经大学"天平公益行"基金，并担任基金的执行主席。自2017年6月以来，我与基金成员在浙江省范围内开展多项公益帮扶活动，包括每年前往浙江省未成年犯管教所进行爱心捐赠及公益普法，去往宁波市农民工子弟学校捐赠近视眼镜，以及去往台州市盲人学校捐赠校服，等等。

作为杭州市第一批法院特邀的律师调解员，我充分发挥专业优势，认真做好纠纷双方的疏导和调解工作，帮助法院解决诉前调解难题，主动承担起化解社会矛盾的责任。2017年8月，我作为唯一的律师调解员代表，受到时任最高院院长周强等领导的亲切接见，并就律师调解工作向周院长等进行细致汇报。不仅如此，我还积极带动身边律师参与诉前调解工作，牵头设立"盈科律师调解工作室"，这也是杭州市成立的第一批律师调解工作室，目前已有70余名律师调解员参与调解。2018年12月，因参与律师调解工作成绩突出，我获得"2018年度杭州市优秀律师调解员"荣誉称号。

新冠疫情期间，我利用专业知识并结合接到的法律咨询，将所涉家事法律问题进行汇总解答，并在《今日头条》《都市快报》等媒体平台上发布。我还通过多个平台积极捐款捐物，并参加由浙江省律师协会青工委主办的第一季之江青年律师巡回讲师团系列线上课程直播活动，公益直播讲课所获得的打赏全部用于新冠疫情防控捐赠。

正如2019年五四青年节我接受《浙江法治报》个人专访时说的："做公益，已经融入我的血液里。"

人生要有坚定、明确的目标

成奕

2007—2011年，浙江财经大学，法学本科。

现任北京盈科（金华）律师事务所管委会副主任，主要从事建设工程业务，执业11年。担任婺城区政协委员，婺城律协副会长，九三学社金华市委青年工作委员会主任。

我是2011届毕业生，2010年通过司法考试，毕业后便在律所工作，目前是金华市的一名执业律师，非常高兴有机会以这样的方式与母校建立联系。在此，我要感谢浙江财经大学老师多年来对我有增无减的关心和关爱，在老师们的引导下，我在大学期间有了清晰、明确的目标。当我认清自己的缺点和优势后，我下定决心要成为一名优秀的律师。过去13年我都围绕这一目标而努力，现在回想起来，一个人有了清晰、明确的目标是很幸福的，这能帮助我们走得比别人更坚定。我希望大家都能进入这样的状态。我也希望用自己13年的从业经验帮助大家认识、理解律师这个行业，希望同学们心中有梦、眼中有光、脚下有路。

前段时间，我在北京参加了一次千人规模的律师会议，其中高薪的律师不在少数，我在思考，都是两个肩膀顶一个脑袋，为什么他们能如此优秀？我总结了成功律师身上的共同点：聪明、勤奋、自信、自强、自律、认真、精力旺盛、执行力强、酒量好、爱学习、会营销、有背景、会创新……每个人的特长不同，成功的方式也不同，前面这一串关键词的不同排列组合构成了每个大咖专属的成功密码，使他们在人群中脱颖而出。一名律师如果具备两个要素会是一名合格的律师，具备三个要素是优秀的律师，具备四个要素是卓越的律师，具备五个以上要素是大咖律师。

就我而言，在职业生涯的青涩期，我充分发挥自己的特长，让自己有机会比别人进步得稍快一些。

保持激情与热爱

　　青年律师在经验、社会影响力、背景资源等方面很难与资深律师媲美，但在激情方面，青年律师更胜一筹。在老谋深算和朝气蓬勃之间，会有人选择朝气蓬勃的。激情使人勤奋，每天比别人早到办公室一点，事情做多一点。激情有时是一种人无我有、人有我优的精气神，凡事用心一点。激情是一种担当，不嫌弃事务的微小，也不害怕困难的艰巨，每一次担当都是一次锻炼的机会。幸运的是，我将热爱与激情维持到现在，很多次面对挫折的无情摧残，心中的火种始终不灭，这让我在机遇来临时能够准确地把握它。

抓住机遇、走专业化

　　现在的律师人数很多，竞争很激烈，如果还是做同质化竞争，很快就会进入价格竞争的旋涡。我的事业真正起步是在2018年，那年我遇到了人生中的贵人，在他的引导下走上了建设工程法律服务的专业领域。有贵人相助能够事半功倍，我们一起写书、办培训，一起争取荣誉，从第一年的门可罗雀到第二年的稀稀拉拉，再到第三年的门庭若市，我们选对了模式并坚持下来。如今，可以说我们抓住了区域内的头部市场，专业化、团队化使我们在受新冠疫情影响的3年内业绩仍然保持增长。

虽然每个行业都有每个行业的特点，成功的模式有很多，但我们要清醒地认识到每个行业都会要求它的执业者在某些方面不允许有明显短板。就像军人不允许懦弱、公务员不允许贪婪，就律师而言，以下两个方面是在选择入行时必须注意的。

第一个方面是交际能力。要想成为一名律师，交际能力是不允许有明显缺陷的。对律师而言，社交能力和知识储备同样重要，知识储备主要靠态度，而社交能力更多靠天赋。有的人只要人多就会兴奋，而有的人只要开口就会脸红。律师的主要工作是把客户的钱装进自己口袋里，把自己脑子里的想法装进法官的脑袋里，需要时刻与形形色色的人打交道，如果没有熟练的人际交往技巧，会很被动、很痛苦，交际能力的重要性可见一斑。说得简单点，做律师是不允许内向的。

第二个方面是有坚韧、强大的内心。律师的工作性质不同于单位上班那般按部就班、收入稳定；也不像做生意那般一旦找到正确的模式就可以一飞冲天、日进斗金。律师即便选择了正确的模式，仍然需要较长时间的积累，很多时候只能凭借自身判断，沿着大概正确的方向摸索前进，那种不知道对错，更不知道什么时候出头的过程十分煎熬。刚步入行业时，我们会面临"内心渴望快速成长，但心有余而力不足"的苦恼，行业给年轻人的施展机会并不多。过个三五年，当新鲜感褪去，挣钱的欲望盖过了学习的想法，拿着不高的收入、做着繁忙的工作，许多人又会陷入矛盾、纠结之中。往后，赚了一些钱，开始患得患失，每天承载当事人的巨大期望，承受竞争对手的打压，或许还有法官难以沟通的压力，等等，压得人喘不过气。再往后，又会考虑是否要自己成立团队，忧虑自己是否真的具备带团队的能力，能否走在最前面直面绝大部分风雨，能否对得起大家的信任……关关难过关关过，一定要有坚韧强大的心，才能一次次地迎难而上，不断地挑战、突破自我，相信同学们一定能克服重重阻碍笑到最后。

13年弹指一挥间，作为一名老学长，我十分羡慕校园里风华正茂的你们，因为年轻拥有无限可能。希望同学们在今后的职业选择中能够避开或克服自身弱点，充分发掘自身优势，取得不俗的成绩。

　　祝各位前程似锦，也希望我们共同选择的法律事业在大家的耕耘下欣欣向荣！

青年律师执业思考

金敬选

2010—2014 年，浙江财经大学，法学本科。

现任浙江君循律师事务所副主任、合伙人，主要从事诉讼业务，执业 10 年，处理团队案件数量达 1200 余件。现致力于企业法律风险防控制度建设方面的研究，包括企业内部各项管理制度建设、反舞弊机制建设及调查、股权架构设计、税务筹划咨询等。

律师行业竞争日益激烈，近年来，国内执业律师人数逐年递增，由于新冠疫情冲击及欧美国家制裁，国内产业受到巨大的冲击。青年律师如何在当下环境中走出一条适合自身发展的道路？法学院又该如何培养、输出律师人才？下面我将基于自身经历，结合学校、律所及实习律师的现状等，按照大学学习阶段、实习律师阶段、正式执业阶段，逐一分享一些个人的心得体会，希望能为正在前行路上的学弟学妹提供一些参考与启示。

大学生律师实务课程学习

2017 年，全国执业律师人数为 36.5 万人，截至 2023 年底，中国执业律师人数已经突破 70 万大关，而且还在持续增长。也就是说，短短 6 年时间，我国执业律师人数几乎翻了一番，如此快速的增长导致短期内律师数量供过于求。

在此种环境下，应届毕业生如何破局？如何在毕业后谋取一份收入尚可的律师工作？我们法学院如何提升毕业生的就业率？对这些问题的破解，便是大学生律师实务课程存在的意义。

要搞明白上述问题，同学们得先了解律师业务类型，不同业务类型有哪些工作内容，分别需要具备哪些执业技能。

传统意义上，律师分为诉讼律师、非诉律师。诉讼律师又可以分为刑事律师、民事律师等；如果再按照专业类分，可以分为知识产权律师、婚姻家事律师、劳动法律师、交通事故律师等。不同类型的律师所需要的执业技能、知识储备不尽相同。

我作为诉讼律师，目前主要为中小企业提供法律服务。现就本人经历谈谈为中小企业提供法律服务需要学习哪些内容。

如果你决定成为一名律师，首先，你得学会沉淀，学好法律知识。法学院4年的学习是奠基，是你的知识储备期；司法考试是从业资格考试，你只有通过了司法考试才有可能成为律师。其次，你毕业后需要沉淀的时间一般为3—5年，具体视个人情况而定。沉淀期你需要明确目标、学习内容和学习计划。你的指导老师将是你的第一个客户，而且可能是你最大的客户，你的第一个目标就是服务好指导老师。想想当你的指导老师将一个案件交给你，他还需要花多少精力来处理这件事情，你就能知道你要学习的内容有哪些。明确前面两个内容后，就要着手制订学习计划，收集整理类案资料，比如你计划花多少时间学会独立处理这类案件。

为了帮助学生毕业后能尽快明确目标、学习内容和学习计划，法学院可以给学生提供应用场景，可以是课堂研讨、法学沙龙，也可以是社会实践。而作为学生，需要充分利用这些机会，培养学习兴趣，明确执业发展方向，找到自己的长处和短板，以便更好地查漏补缺。

实习律师

实习律师阶段一般是指通过了司法考试去律所实习，拿到律师执业证之前的阶段。实习律师在律所实习一年后就可以向律所申请执业，获取执业证书正式执业。

实习律师需要协助律师办理案件、审查起草合同、会见当事人、阅卷、整理其他材料等，归纳起来主要有以下几个方面的内容。

行政类事务：包括各类杂事，如打印、复印与扫描文件，整理证据材料，案卷归档，开具律师费发票，律所内立案审批，法院立案审批，联系办案机关递交资料，有时还包括端茶送水等。

基础法律事务：包括法条检索、案例检索、法律分析、阅卷摘录、合同审查、制订诉讼策略等。

实习律师的主要工作是配合指导老师做好上述案件辅助工作，这需要具备充足的法律知识和经验。

案件处理：实习律师还可以独立完成某些案件材料的整理、诉讼策略的制订、法律文书的出具或者合同的审查起草等工作，并可以独立与委托人沟通，能独立完成案件 80% 的工作量。当你实习结束时，你应当能基本跟上指导老师的办案思路。

法律咨询：法律咨询是律师行业体量最大的业务，不管在诉讼领域还是非诉领域，刑事领域还是民事领域。法律咨询是律师业务的基础，任何律师业务的开展都是从咨询开始的，再签订法律服务合同，而后开展具体的法律服务。

青年律师执业思考

新冠疫情对律师行业的影响比较大，疫情发生前我的客户主要集中在互联网金融领域（P2P），疫情开始后业务量只有之前的三成，这时候我不得不思考自己未来的出路。

一段时间后，机缘巧合，有一两家小微企业

（以销售为主）因为公司业务需要诉讼，主动找到我，我通过分析发现这类客户的共性：人员规模小，公司业务体量小，但往往是资金密集型，一旦出现大额坏账，会严重影响公司运营；老板基本是技术或者业务出身，之前带团队，现在创业，缺乏企业管理经验，法律意识较薄弱，法律知识也比较匮乏；人员配置简单，缺乏专业管理人才，缺乏稳定销售，业务基本靠老板个人支撑，而老板个人又疲于销售，没有足够精力进行公司管理。

以我 10 年从业经验及目前国内行情来看，未来中小企业将是青年律师最大的客户群体，这部分群体有一定的法律需求，但不多，愿意花在法律咨询上的预算也比较少。这部分客户对于资深律师来说又像鸡肋，食之无味，弃之可惜，且资深律师往往无法分配足够的精力经营这部分业务。对于青年律师来说，这便是优势，青年律师有充足的时间来服务这部分客户。

有了目标后，我便开始花大量时间了解客户，从客户公司内部的合同、人员、管理模式、对账习惯、逾期处理等方面入手；还要了解客户的行业，如行业法律、规章制度、行业标准及行业内其他不成文的规则等。

了解客户后，我便开始研究如何帮客户提升公司内外部管理水平，从劳动制度、公司订单管理制度、对账及逾期客户处理方案等方面着手，完善企业管理制度，提升企业管理效率。

接下来，便要考虑如何与客户建立长期合作关系，如何给客户进行报价。在这里我给大家一个提示，作为律师，不需要过度打价格战，还是要根据实际工作情况进行合理报价。

目前律师行业竞争激烈，未来随着"00后"乃至"10后"步入职场，后疫情时代的行业竞争愈发激烈，国际形势愈发严峻，下沉市场中中小企业的法律服务依旧是一片蓝海，仍有非常大的业务体量，律师仍大有可为。

总结

未来的律师行业竞争将会非常激烈，如何在市场竞争中脱颖而出，需要我们从校园学习阶段就先人一步。首先，法学院应重视实务方向的培养，从大二开始开设实务课程，可以适当地邀请执业律师进行实务教学，制订学习计划，同时增加校企合作，特别是与律师事务所的合作，提供更多的实务接触机会；其次，法学院的学生也要重视实践经验的积累，按照学院制订的实习计划，从大二的暑期便开始参加社会实践，结合自身实际情况，提前开始实务学习。

希望本文能帮助到各位学弟学妹。进德修业，与时偕行；砥砺自身，展望美好的未来！

浅议民商事诉讼律师执业风险及防范建议

徐伟

2010—2014 年，浙江财经大学，法学本科。

2014—2017 年，浙江财经大学，经济法学硕士研究生。

现任浙江海浩律师事务所律师，主要从事民商事诉讼业务，执业 6 年；浙江省法学会财税法学研究会理事。

在律师执业的 6 年间，我主要从事民商事诉讼业务。据我所经历的及周围同事的探讨，我总结得出，律师所面对的风险种类多样，包括但不限于法律条文或司法解释理解不准确的风险、客户欺骗或翻脸的风险、诉讼成本增加的风险等。这些风险会直接影响律师的执业，甚至损害律师的声誉和职业生涯。因此，对这些风险的认识和有效的防范对于维护律师自身权益和提高执业水平至关重要。

接下来，我将从不同角度对民商事诉讼律师执业风险进行浅显的探讨，并提出相应的防范建议。

 ## 民商事诉讼律师执业风险

第一，要防范法律条文或司法解释理解不准确的风险。在处理民商事诉讼案件时，律师一般会先查看与案件相关的法律条文或司法解释。但法律条文比较抽象，仅从文义上理解可能存在偏差。司法解释往往是对法律条文做进一步解释，但其仍可能比较抽象，仅从文义上理解也难以避免偏差。比如，对于合同履行地的理解。一般从文义理解，合同履行地就是与合同履行相关的地点。但在司法实践中，最高人民法院也专门指出，合同履行地必须结合合同的实质内容以及民事诉状中的具体诉讼请求确定，判断的标准是实质标准。很多律师往往无法准确把握合同履行地的适用情况。

除了法律、司法解释在不断变化、更新，最高人民法院对于法律、司法解释的解释方向或司法政策也在不断变化。对于许多疑难复杂的法律概念，不同时期的法院也有不同的看法，这会产生法律或司法解释理解不准确的风险。

第二，要防范被客户欺骗或者翻脸的风险。我刚入行时，就有律师朋友告诉我一句谚语：所谓当事人，就是事前是人，事后是鬼。这并不是说所有当事人的品质都有问题，而是在提醒律师，确实有那么一小部分当事人属于不讲诚信、品质恶劣的人，不能不防。我在参与一个法律沙龙时，有一位资深律师就非常气愤地讲述了他被欠律师费的经历。该资深律师的亲戚朋友向其介绍了一起疑难复杂且工作量极大的民事案件。考虑到是熟人介绍，当事人又哭穷，资深律师就同意律师费延迟缴纳，甚至案件结束后结清也可以。在承办此案件的过程中，为最大限度地维护客户的利益，资深律师不仅亲力亲为，还找了几位助理帮忙。最后，案件胜诉，但当事人直接消失，律师费也不支付，电话也不接。尴尬的是，因为是亲戚朋友介绍，资深律师也不好意思与亲戚朋友讲，只能把苦果咽到肚子里，甚至自己补贴了交通费及助理的办案费。

另外，在某些类型的案件中，比如民间借贷纠纷、婚姻家事纠纷，当事人往往会有意或无意地编造案情，目的是通过欺骗律师而间接获得案件的胜诉。这样会导致轻则案件败诉，重则被认定为虚假诉讼，律师往往不胜其扰。

　　第三，要防范诉讼成本增加的风险。代理民商事诉讼案件通常伴随着相当高的成本，包括时间成本与经济成本。一般而言，经济成本主要指差旅费的支出。如果案件在较为偏远的地区，那么你就要小心谨慎，因为许多偏远地区法院的办案方式和浙江省有巨大的差别。目前，浙江省内立案、开庭、申请执行等重要程序，除开庭外，均可以在线上进行，但偏远地区的法院则不一定。我的同事承办过一个西北地区的案件，法院要求同事走以下程序均要来法院现场办理：立案时现场递交材料、现场收取案件判决书，案件胜诉后申请执行时现场递交材料，现场办理诉讼费退费。这起案件的差旅费已大大超过预期，甚至比律师费都要多不少。

　　时间就是金钱。这句话在律师行业体现得尤为明显。在我国目前的律师收费模式中，按标的收费的较多，按时间收费的较少。即使是按标的收费，律师每年承办的民事诉讼案件数量仍然有限，即律师办理案件的时间成本很高。据相关统计，一个律师每年大约能办理 40 个民事诉讼案件。有经验的律师不仅要看案件的标的，还要衡量一个案件的复杂程度，综合收取律师费。因此，律师必须重视办理案件的时间成本。

防范建议

首先，律师要有精益求精的钻研精神。对于与案件相关的法律条文、司法解释，律师要查看最高人民法院对于该法律条文、司法解释具体应用的书籍、会议纪要等材料。同时，律师还应在裁判文书网、人民法院案例库检索类似的案例，以加深对于法律条文、司法解释的理解，更准确地把握案件走向。除此之外，律师还要养成终身学习的习惯，持续不断地学习和提升专业知识、技能，及时了解最新的法律法规和司法解释，以应对案件中的法律风险。与此同时，律师还应积极参与相关的培训和研讨活动，多与同行交流经验，共同成长。律师学习更要有平和的心态。许多前辈告诫我，不论以何种方式学习法条，都会有收获，至于收获的大小，不要过分担心。

其次，律师要明晰目标客户群体，挑选优质的客户。在挑选客户之前，先要定位目标客户群体，有针对性地选择合适的客户。如你的客户不能频繁地换律师，不能是失信被执行人，等等。

再次，律师要审慎评估客户背景。在接触潜在客户时，律师应该审慎评估公司客户的背景和信誉，包括公司运营状况、信用记录、历史纠纷等情况，以避免涉及高风险的案件。在评估自然人客户时，需要了解客户的职业、资金实力等。另外，还要评估客户的诚信度。优质客户通常具有诚信度高、合作意愿强的特点。律师在选择客户时可以通过适度的调研了解其过往合作经历或口碑等，评估客户的诚信度和稳定性。

最后，律师要合理控制诉讼成本。诉讼成本包括金钱成本和时间成本。对于金钱成本，其一，要初步评估案件潜在费用。在接受案件之前，应当进行初步评估，包括诉讼可能的费用投入，对于偏远地区的案件尤其重视差旅费用的评估。其二，为了控制成本，律师应先与当事人共同制订明确的预算计划。预先沟通并达成共识，确保自己能收取合理的办案费用。比如，可在委托代理合同中明确差旅费由当事人负担，律师可按票据实报实销。其三，在处理案件过程中，可精简案件程序，避免不必要的诉讼行为，争取和解，尽量减少相关费用的支出。

对于时间成本，在接受案件时，律师应当和客户共同制订清晰的诉讼计划，包括明确的战略目标、诉讼程序安排、时间节点等内容。明确计划可以有效控制案件的进度，避免无谓的拖延。在民事诉讼中，尽量选择调解结案，及时与对方当事人协商，尽早达成和解协议，避免漫长的诉讼程序，节约时间成本。

结语

作为民商事诉讼律师，我们需要时刻意识到执业中可能遇到的各种风险，只有不断学习、提升专业素养、加强风险管理，才能更好地应对挑战，提高自身的执业水平。希望本文能对即将踏入律师行业的学子有一定的借鉴作用。

写在执业第七年

童佳琦

2012—2016 年，浙江财经大学，法学本科（金融学双学士）。

现任浙江金道律师事务所专职律师，主要从事民商事诉讼、政府与企业法律顾问、市场化纠纷调解等业务，执业 7 年；现任杭州市信访工作专家、杭州市西湖区人民法院调解员，获 2023 年度浙江金道律师事务所优秀调解员。

　　于母校 50 年校庆即将来临之际，承蒙恩师唐勇教授之委托，总结过往，畅想未来。作为一名平凡的杭州执业律师，我希望可以将自己在律师执业道路上一路走来的故事简单落于纸面，分享个人经历。没有价值引导，不为给读者答疑解惑，只是展示作为一名普通律师所经历的无比真实的 7 年。

网络上对于律师这个职业的评价一直是割裂的，标题党众说纷纭，一边是"女律师月入5000元，转战擦边"，一边是"自过了司法考试，命运的齿轮开始转动""我做律师的第一年，收入100万＋"。双方描述中的"律师"似乎并不是同一个名词，早已身在局中的我，偶尔也会迷惑。"律师"到底是一份什么样的职业？实际上，上述2种情况是共存的，当然大部分律师的情况并非如此割裂。那么在杭州做一名执业律师到底是一种怎样的体验？我想用自己7年的感受来为大家展现其中一隅⋯⋯

第一年：我是谁？我在哪？我在干什么？

记忆犹新，2016年10月，我刚考完司法考试，还未出成绩，和紧张复习形成巨大反差的空闲让我很不适应，于是我想：应聘！我要找点事儿做。刚开始的应聘是没有方向的，甚至还和同学一起在下沙的弗雷德广场兼职卖鞋，那是一段非常愉快的时光。在兼职卖鞋的过程中，偶然的机会我看到校友群发布了一些律所的招聘信息，没多想就拨通了其中一个招聘电话，可以说这个电话改变了我的人生。

这通电话让我获得了一次面试的机会，从下沙坐上 B1 路公交车，坐了整整一个半小时。上午 9 点，我提前半小时出现在面试地点楼下，望着眼前的高楼，我并不清楚迎接我的会是什么。整个面试过程很简单，我只记得要微笑，并如实回答招聘律师的问题。其中一个问题是："你觉得你的缺点是什么？"我回答："有时候会有点粗心。"招聘律师笑了："粗心可不行，做律师最重要的就是细节。"于是，当天我又花了一个半小时坐 B1 路公交车回到学校，打算继续回弗雷德卖鞋。意外的是，几天后我收到了面试通过的电话。这是我人生中第一次正式的面试，这份工作也是我从 2016 年坚持至今的工作。花一点笔墨写面试的经历，我想表达的是：世界就是个草台班子，去做也许就会收获惊喜。

于是，还是大四应届生的我开启了漫长的实习。从学校进入社会的最初阶段，可以说我每天都处于"我是谁？我在哪？我在干什么？"的疑惑状态中。这些问题在我心头大致萦绕了一年左右。陌生的事物，所有的一切都是新的。相比于法律工作本身，这一年更重要的可能是让自己适应并融入社会，懂得一些社会的规则，比如：吃饭时的座位是讲究顺序的；和高年级带教律师出门要学会帮忙拎包（当然也看个人需要）；和带教律师坐车时，如果只有两个人，自己要坐副驾；等等。简简单单的小细节蕴含着关怀与规则。社会有社会运行的规则，成为社会人的一大要义就是遵循基本的社会规则。

第二年：回复信息是需要逐字逐句斟酌的

时间来到第二年，2017 年我拥有了实习律师证，有了证就可以坐上法庭（实习律师不能发言，这个规则至今没有改变）。那一年，我学会了一些基础的技能：写起诉状、整理证据目录、检索案例、写代理意见、审查合同等。但我想要强调的并不是如何快速掌握这些基础的技能，因为这就像背诵九九乘法表一样，每个人学习的速度也许不一样，但只要达到一定程度的重复，都是可以掌握的。那一年我印象最深刻的是，我意识到回复信息是需要逐字斟酌的。律师的工作交流方式包括即时通信工具（微信、钉钉等）、邮件、电话、当面沟通等，日常使用最多的还是即时通信工具。有趣的是，当我渐渐开始添加一些工作群和顾问客户之后，我发现自己原来并不会回复微信消息，甚至有些客户的消息回复是带教律师打好字发给我，我再转发的。意识到问题永远是一个好的开始。回复信息要做到不卑不亢的态度、简洁清晰的文字、逻辑自洽的表达，最重要的是做出回复前要反复确认，专业永远体现在细节里。

第三年、第四年：掌握一门技术最好的方式是重复

在成为专业人士的道路上，学习积累的过程中注定是会有枯燥感的。现在周边的年轻律师经常会

提问：要怎么审查一份合同？我的答案一直没有变过，那就是"不断重复"，只要做到合同模板在心中，则万变不离其宗。执业初期，我记得很清楚，改的合同被带教律师用红色水笔打上巨大的叉，像极了小时候不及格的试卷，那是一种被童年痛苦记忆支配的恐惧。如何改变？积跬步方能至千里，没有一蹴而就。经过一百份、一千份合同的审查，无数次的重复之后，带教律师终于不再复核我修改的合同，我审查的合同可以直接发给客户了。借此机会，感恩手把手带我一路成长的带教律师。

第五年：律师与平台的关系

2019年，我的第一个执业律所发生了一些变故，合伙人纷纷出走，我也跟着团队来到了新的律所。说到律师和律所的关系，我自己的体会是第一个律所的管理更有人情味，没有那么严格的制度规则，对于大家的业务工作也给予了充分的自由。到了第二个律所，其实我刚开始是不适应的，因为周遭的环境明显变得更加焦虑和内卷，和优秀的人差距也越拉越大。大律所有更成熟的制度、更优渥的资源，当然你就需要更勤奋，会有一种推着人往前的力量。但律师工作本质还是靠自我驱动，对年轻律师来说，好的团队和好的带教律师比律所更重要。总的来说，律师与律所是相互影响的。律师需要适应律所的环境和文化，同时也要利用律所提供的资源来发展自己的职业生涯。选择适合自己的律所和团队，对于律师的长期发展至关重要。

第六年：律师的专业化选择

专业化是目前律师行业的高频词汇，每个律师都想找到自己的差异化特色，然后完成突破。但这是一件很难的事情，因为绝大部分律师没有选择业务的资格。以我自己的经历来说，就是做好每天应该做的事情，等待机会，然后抓住机会。信访业务并不是一个主流的律师业务类型。我从 2017 年担任杭州市信访局的法律顾问到现在成为杭州市信访工作专家，从第一次参加信访调查会的语无伦次到现在可以抓住信访案件重点当众顺利表达自己的观点，专业化至关重要，它要求你找到一个切入点，然后付诸数年的点滴积累。

2023 年，杭州市西湖区人民法院大力推动市场化纠纷调解工作试点，我作为第一批律师调解员入驻法院开始了调解工作，这是一个全新的律师业务。那个时候，我几乎每天要通 100 个以上的电话，每个电话都是未知的挑战，一天下来耳朵是发烫的，喉咙是沙哑的。但拿到一个个调解案件，分析案情，找到原被告双方可能可以求同存异的点，通过调解化解矛盾，我感受到了自己的价值，对调解工作满怀热忱，相信自己今后也一定可以努力坚持做调解工作。

信访业务也好，调解业务也罢，其实都不在我原本的主动选择之中。但工作就是这样，往往是偶然决定了你的选择。当大家都在追求大客户、大业务时，我可以找到自己的一方天地，然后坚持。不失本心，就是一份美好的小确幸，其他的就交给时间吧。

第七年：独立的感受

　　2024 年初，我向事务所申请了独立执业。客观地讲，独立的过程是焦虑的。因为没有稳定的工作安排，也没有稳定的收入来源。接到案子的时候会有短暂的欣喜，但大部分的时间都在愁案源，这大概是每一个独立律师的常态。7 年的积累使现在的我和刚执业时已经完全不同了。从事律师工作的魅力在于可以不断提升自我的认知和解决事情的能力。现在的我可以与当事人侃侃而谈，可以在法庭上笃定地发言，可以在工作中体会到成就感和自我价值，也对未来的工作充满信心和热情。

　　最后，想到律所年中会议的一句话：物竞天择，适者生存。没有最好的时代，只有最好的自己，现状是困难重重，但路虽远行则将至，事虽难做则必成。愿每一个法律人都可以被温柔对待。

"破人" "破事儿"
——我与破产法的缘分

张明良

2009—2013 年，浙江财经大学，法学本科。

2013—2016 年，浙江财经大学，经济法学硕士研究生。

现任国浩律师（杭州）事务所青年律师工作委员会副主任、浙江省破产管理人协会破产清算专业委员会副主任、浙江省法学会财税法学会理事和杭州市律师协会破产专业委员会委员等。曾获杭州市律师行业年度业务新秀、杭州市破产管理人协会首届业务新秀等荣誉。主要从事重整重组业务，已办理全国区域内企业破产案及个人债务集中清理案 40 余件，多件被评为浙江省破产管理人协会企业破产十大优秀履职案例、杭州十大影响力案、杭州法院破产审判十大典型案等。多篇业务论文获中国破产法论坛，省／市律师论坛等一等奖、二等奖，已发表多篇论文，多次参与各类足球赛、篮球赛等，酷爱双节棍和散打。

"破人"的缘起

　　我与破产法的缘分其实要回溯到 2012 年读本科的时候，那时的我正为本科毕业论文选题绞尽脑汁，在听取了曾章伟导师的指导意见后，我拟研究我国个人破产制度的构建问题。那时，我国个人破产制度还没有相关规定，直至今日仅深圳有地方条例。我当时主要学习我国 2007 年施行的《企业破产法》，在深入学习该法律的基础上对个人破产制度构建的必要性及可行性进行深入研究。

　　在就读经济法学研究生阶段，我在曾章伟老师的指导下重点研究《企业破产法》及个人破产制度，并组建了课题小组，参与了学校以及浙江省的"挑战杯"，均获得了不错的成绩，对破产法也逐渐产生了浓厚的兴趣，对破产法背后的复杂机理有了一定的了解。

2015 年临近研究生毕业，我在多家律所实习，实习的业务类型既有诉讼类业务，也有非诉类的资本市场业务。在办案中，我逐渐调整自己的定位，在处理好本职工作的同时，寻找在破产业务方面的机会。经过一番搜索与尽调，以及向朋友的咨询与了解，我毅然通过邮件方式向国浩律师（杭州）事务所管理合伙人马骏律师（现为杭州市破产管理人协会会长）发送了自荐信，很快获得了单独面试的机会，也很荣幸获得其认可，加入了现在的团队。至此，我开启了作为一名专门从事"破事儿"的"破人"篇章，从此，踌躇满志、意气风发、昂首阔步走到今天，还运营了微信公众号"破人破事儿"。

在工作与生活中，我们能够感受到这是一个机遇和挑战并存的时代，但不论时代的洪流如何裹挟我们，也不论其裹挟我们流向何方，坚定内心的业务方向，总能使我们"偏安一隅"，得片刻宁静与栖息。大学至今，我的座右铭一直是"坚持卓越，卓越便会不期而遇"。我也希望破产法这门法律的艺术，能够获得更多学弟学妹的关注与了解，并为之奋斗与探索。下面，我就聊聊我在办理企业破产案件中的那些"破事儿"以及一些感悟，希望能够对将要步入社会、选择自己就业方向的学弟学妹有所启发。

聊聊"破事儿"

破产法被称为市场经济的宪法。公元前5世纪的《十二铜表法》以及1215年英国的《自由大宪章》中就有提及。众所周知，宪法是约束制衡权力的基本法，也是保障公民权利的基本法。而破产法涉及宪法实体内容层面的权利与权力问题。美国有两部法律只能由联邦制定，不允许州一级制定，那便是破产法和国籍法。可见，破产法对一个国家法律制度的建设有多么重要。

我国企业破产法的立法过程较为坎坷，我国1986年便颁布了《企业破产法（试行）》，该法一直到1988年才实施，而且仅适用于全民所有制企业，并不适用于其他企业，因此有局限性。1991年以后，最高院颁布了部分破产法相关的司法解释，国务院颁布了一系列关于破产的文件和政策。同时，随着市场经济的发展，我国开始在部分城市实施国有企业股份制改革，建立现代企业制度，也在部分城市陆续开展了破产、兼并等试点。人们对企业破产渐渐有了需求，这才有了2006年颁布的《企业破产法》。

《企业破产法》具有统一我国破产法律制度、公平保护各方当事人利益、建立优胜劣汰和陷入困境企业挽救制度、统一适用于各类企业法人等重要立法意义。该法的创新点主要在于扩大了法律适用的范围、引入管理人制度、重视债权人自治、引入破产重整制度等。该法其实包括三个子程序，即破产清算、破产和解以及破产重整。我们从事的破产业务主要有：一是管理人业务，即经法院指定为债务人企业的管理人，依法接管债务人企业，开展清产核资工作，梳理债权债务关系，妥善处理债务人与债权人、法院、政府、职工、合同相对方等相关主体之间的法律关系，使不具有挽救价值的"僵尸企业"依法退出市场，使具有挽救价值的企业涅槃重生，并借助财务、税务、金融、企业管理等各种工具实现法律效果、经济效果与社会效果的统一；

二是顾问类业务，即担任重整投资人、债权人、政府等相关主体的法律顾问参与破产案件，实现委托人利益最大化。

事实上，企业破产是一项独特的法律制度。它既可以实现对债务人企业债权、债务和资产的概括性解决，让经营主体彻底退出市场，又可以"妙手回春"，通过重整、和解等手段，对身患疾病但仍有存活希望的企业尽力诊治，让其尽快恢复健康。因此，在经济功能上，破产法是对社会资源进行再分配和再利用的一项特殊制度，有别于其他民商事法律。正所谓没有不好的资源，只有不好的企业，破产法是通过重新调整社会主体对资源的占有、降低资源利用成本的市场调节器。企业破产涉及多个利益相关方，需要在公平清偿债权人的基础上均衡考虑各方利益，因此破产法在具体法律制度上也具有特殊性。例如，破产案件的集中管辖规定、停止计息规定、中止执行与解除保全措施，管理人的合同解除权、破产取回权、破产撤销权、破产抵销权、破产债权清偿顺位以及特殊的破产组织规则等，均与其他民商事法律关系存在差异。

我们主要担任债务人企业的破产管理人，破产管理人的身份是由受理破产案件的人民法院根据案件的实际情况通过随机摇号、邀约竞标等方式出具决定书指定的，一般是律师事务所、会计师事务所或者清算公司等。人民法院指定某律师事务所作为管理人后，该机构就需要刻制管理人公章、财务专用章及负责人名章，开立法院监管的管理人账户。因此，管理人不是一个自然人（当然有资质的自然人可以担任管理人）概念，而是一个临时机构，诉讼中既可以代表债务人参与诉讼，也可以独立作为诉讼主体。管理人是有资质的，一般分为省级、市级，需要通过入选当地高院名册才可以。因此，传统的管理人业务的甲方可以通俗理解为法院，而不是债权人、债务人委托。随着法庭外重组的预重整逐渐盛行，预重整阶段的临时管理人可以由债权人、债务人推荐，并由法院遴选确定。

鉴于破产管理人业务主要在债务人企业所在地开展资产核查等工作，且破产案件往往需要一年甚至几年的时间办理，我们需要的不仅是持之以恒的信念，还有健康的体魄。我曾经独自一人从杭州骑行到厦门，这段经历让我在破产案件办理中更有毅力与韧劲。实务工作中，破产律师基本上不是在出差就是在出差的路上。就我个人而言，2017年基本在舟山度过，2018年基本在湖州度过，2019—2020年基本在长沙度过，2023年基本在银川度过。在具体业务办理上，因为需要接管或监督一家企业，对企业的财务审计、税务知识、资产评估、工程造价、企业管理等各方面均需要有足够的知识储备，且平常面对的债权人、债务人以及其他相关方大部分给的均是负面情绪，需要有一颗铁打的心。在破产案件中，管理人身份具有特殊性，其并不代表债务人或债权人的任何一方，而是中介机构，应随时保持中立性、公正性。因此，管理人思维与传统的律师思维有着天壤之别，前者更多的是依据法律规定执行职务，依法妥善处理债权债务关系，并尽最大努力挽救债务人与全体债权人利益。此外，根据相关判例，破产管理人工作人员是依据法律享有职权的，若发生收受贿赂等情形，将被以国家工作人员受贿罪论处。因此，在工作中要时刻保持头脑清醒，珍惜自己作为律师的每一片羽毛。可见，从事管理人的破产业务，需要有专业法律知识、其他综合知识、耐得住寂寞的心、经常出差远离亲人的准备以及协调各方利益的能力。

担任管理人的报酬是根据最高院管理人报酬的规定来确定的，也是律师业务中唯一由最高院明文规定报酬计算的业务。现实中，破产管理人业务的高报酬吸引着众多有志开展破产业务的律师、会计师等进入该行业。从我执业以来，管理人业务的竞争压力逐年上升，我们团队已经逐渐将业务铺展至湖南、云南、山东、海南、宁夏、内蒙古等地。

破产案件非一人所能为也

破产业务属于非诉业务，区别于传统的诉讼业务，更区别于单打独斗的律师代理业务。破产案件的成功办理非一人所能为也，需要专业、稳定且分工明确的优秀管理人团队。我们团队目前约有30人，专门从事重整重组业务。

我步入社会后有两点感悟较深：一是需要足够的谦逊。社会中优秀的人太多，曾经以为自己是比较优秀的，在校期间获得过几乎学校所有的奖学金，但步入社会后，发现仅我们团队就有如此多的能人，并且有些方面可能是我无论如何努力都无法超越的，这大概是天赋的作用吧。二是不要妄自菲薄，但要虚心求教。我们财大人走在社会中并不差，社会给予每个人的机会都是一样的，我们通过积极争取可以获得傲人成绩。在一个团队中，最关键的是瞄准团队共同愿景，寻找自身在团队中的差异化定位，发光发热。团队中个体的同化并不能实现团队力量的最大化，团队力量的最大化反而需要差异化的个体。每个个体找准自己在团队中的定位，发挥自己独特的优势，如此才能使团队的拼图更加完整、更加科学，也更能凝聚团队力量，最终实现团队力量的最大化。所以，在校的学弟学妹关键还是要发现自己的内心，发现自己的长处。

业务办理源自热爱

我在工作中不断成长，逐渐明晰了自己的业务方向，但仍有各种棘手的问题，以及来自各方面的压力。这个时候还是需要秉持自己的初心，保持对工作的积极性与热情，努力在工作中寻求成就感与愉悦感。一份没有挑战又未能给自己带来成就感与愉悦感的工作是难以持久的。工作的热情源于热爱，热爱一份工作，才能创造一份事业。经过多年的办案，我认为破产管理人的工作，与其说是一份法学工作，不如说是一份社会学工作。一方面，破产管理人的工作与一般法学的工作相差还是较大的，它突破了传统意义上的法律角色定位，既不是为单一利益主体服务的律师、检察官，也不是完全中立的法官，因为有时候需要代表债务人参与诉讼等工作，需要融合两者的思维，平衡更多的利益主体；另一方面，仅凭法律手段是难以成为一个优秀的破产管理人的，其工作涉及会计、财务、商业、企业管理等各个方面，同时也涉及法官、债务人、债权人、职工、投资人、政府相关单位等各方利益主体的平衡。

　　破产管理人工作虽然艰辛、繁杂，有时甚至让人崩溃，但是意义重大。在经过自己的真心付出、耐心安抚与解释之后，看到债务人"起死回生"并获得应有的清偿，看到资源被重新利用的时候，心中油然而生的喜悦感和成就感，会让自己更加肯定工作的意义，更加坚定走破产管理人道路的意志。

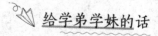 创新是业务的持续生命力

　　破产管理人业务，诸如重整模式的选择、资产处置方式的选择以及资产包的设置、税务的筹划、信托计划的嫁接等各个方面都需要创新。管理人业务是一个集聚专业性、综合性的业务，每个破产案件都具有特殊性。例如，信托计划属于金融领域，我们作为管理人不能故步自封，应该勇于创新，每个重整计划、每个信托计划都是为企业量身打造的。从该角度而言，每个案件都具有创新的可能。破产业务与信托业务的嫁接并非破产创新的全部，它仅是一个缩影，但确确实实拓展了我们办理破产案件的思路。在后续办案中，我们可以充分利用财务、法律、金融等方面的工具来实现破产案件的顺利办理，实现维护债权人、债务人等多方利益平衡的价值导向。

✎ 给学弟学妹的话

　　若学弟学妹有志于从事破产管理人行业，我有

一些话送给你们。

其一，要加强理论学习，多读基础理论书籍。从事实务工作的律师事实上十分重视理论学习。在"破人"行业中，像王欣新、李曙光、徐阳光、许德风等大咖的书可以一睹为快，如《破产法论》《公司重整法律评论》《破产法论坛》等。此外，还有许多法官、律师、学者出版了一定数量的破产法实践书籍，都可以作为了解破产法的资源。有兴趣的同学还可以关注外文原著。

在学习企业破产法的过程中，我们需要重点关注破产撤销、抵销、取回、债权清偿顺位、合同解除、重整计划草案制定、债权审查、资产核查以及债权人利益维护等方面的知识点。在此过程中，自我提升是永无止境的，我们需要持之以恒，还需要充足的知识储备。如前文所言，仅储备法律知识还远远不够，还需要涉猎经济学、社会学、管理学、税务、财务、金融等各方面的知识。

其二，要具备前沿意识，开拓国际化视野非常重要。企业破产法在国内未受到应有的重视，"破人"的圈子比较小，企业破产法的实践主要还是停留在发现问题、找到方法和解决问题的层面。我们需要打破这些限制，我国《企业破产法》毕竟颁布时间不长，还不完善。我们需要学习国外先进的破产法制度，从他们遇到的问题中去思考，为我国企业破产法未来实践做好准备。例如，美国自20世纪90年代以来有许多大型公司通过重整成功的案例，国内也有大量大型企业重整的案例，通过案例学习我们会有更多切实的感悟与提升。

其三，要注重对实务界经验的学习与研究。从事"破人"行业需要有一颗立足大地、翱翔天空的心。我国现行的《企业破产法》是那么年轻，其立法原则、操作性上都有局限性，加上文化差异、客观条件等方面的制约，实践中破产企业的很多问题只能依靠时间来破解。在校的学弟学妹们，需要多多关注身边及新闻中的企业破产情况，并根据自己的理论学习，研究实务做法的合法性、合理性以及可提升性。

此外，我们也要坚持自我。就如前文所言，管理人履职风险很高，往往会面临巨大、复杂的利益纠葛，唯有保持淡泊从容的心态和"壁立千仞，无欲则刚"的气度，才能够心底无私、依法公正地处理好每一个案件。"破人"行业的尊荣是需要我们每一个"破人"身体力行去细心呵护的。

最后，我想对法学院的学弟学妹们说，无论将来是否从事法律相关行业，也无论是否有志向从事重整重组业务，只要遵从自己的内心，有一个为之不懈努力奋斗的目标，坚定前行即可。在此，祝愿浙财大法学院的学弟学妹们都有一个光明的前景、幸福的家庭！

『破人』『破事儿』——我与破产法的缘分

自由与荆棘

富梦婷

2010—2014 年，浙江财经大学东方学院，法学本科。

2014—2017 年，浙江财经大学，民商法学硕士研究生。

现任浙江泰杭律师事务所专职律师，主要从事商事合同纠纷，劳动争议纠纷及知识产权非诉业务。

 ## 一切都是最好的安排

我成为律师的道路相对曲折。在校期间，我没有通过司法考试，后来决定在心态没有调整好之前，先暂停考试。毕业后，我的首选是去企业面试法务岗。我的面试经历并不丰富，虽投过不少简历，但只面试过2家公司。对于法务岗，有些企业要求有经验，所以刚毕业的学生，哪怕是研究生，也不符合要求。我去面试了一家知识产权服务公司。岗位名为法务，实际并不从事法务工作，更像咨询。但是我选择留下来，留在国内知识产权部门。

自此，我开始接触知识产权业务，主要做商标方面的非诉业务。虽然这是无意之中的选择，但在后续的工作中，我对知识产权产生了浓厚的兴趣。三年多的工作经验在行业里不算什么，但我服务了很多不同行业的企业，拜访过园区、合作单位等，参加过行业内外的各种活动，甚至政府机关举办的活动。在此期间，我学习了专业知识，积累了实践经验，也对知识产权法律服务有了基本的认知。

后来，机缘巧合之下，我收到了同门师兄的橄榄枝，让我有机会进入浙江泰杭律师事务所。泰杭是一个更大的平台，我也希望可以在新平台从不一样的角度看待知识产权服务业务。到律所后，我本意是想继续从事知识产权非诉业务，但在律所氛围的熏陶下，我觉得自己还是应该把法律职业资格证考下来，于是在2021年参加并通过了考试。成为

自由与荆棘

律师，非诉业务和诉讼业务都可以接触。我虽实际接触知识产权的非诉业务少了很多，但是并不觉得遗憾。这是一种新的探索。

 ## 吾将上下而求索

在实习期间和执业期间，我所接触的案件类型多是合同纠纷、民间借贷纠纷、劳动争议纠纷、离婚纠纷、机动车交通事故责任纠纷等。这些都是常见的案件类型，也是我们在日常生活中可能被咨询最多的纠纷。对于这些常见的案件类型，我们需要做到对相关法律和办案要点熟记于心。多接触这些常见案件类型，也符合我内心的想法，执业初期本身就需要打好基础。现在都讲究走专业化道路，成为一名专业化律师。如果可以从一开始就走上专业化道路，当然很不错。但如果不能，那就"曲线救国"，从常见案件类型做起。我深信，没有哪一步是白走的，只要自己内心有方向，总能慢慢靠近自己的目标。

作为一名律师，要做好终身学习的准备。不仅是在办案期间积累知识和经验，平时也要多学习，时时刻刻熟悉法条、多看案例。除了每年考核需要完成的点睛网课程，还可以参加律所内外的培训，哪怕是其他行业的活动也可以多参加，拓宽自己的视野，提升综合素质。每次听点睛网的课，我都会选择感兴趣的课程，边听边做笔记。有时候刚学的知识就能用上，就是这么神奇！我没有什么特别的技能，只是觉得应该多学习，跟咨询人沟通的时候有耐心一些，因为我们受过系统的法学教育，考虑问题有自己的逻辑思维，但是当事人很多时候并不懂得怎么去思考、去理解。

在工作过程中要做好工作记录、计划和总结。我自入律所以来，每一天的工作内容都会记录，对于工作期间学习到的知识或者心得感悟，也会做记录，这一习惯一直坚持到现在。当然，做年终总结和计划也十分重要。这是我自工作以来一直在坚持的事情，学习和复盘缺一不可。

此外，作为律师还应该多参加公益活动，我参加的主要是值班活动。比如我现在正在参加电话值班，接电话就跟开盲盒一样，你不知道将会面对什么法律问题。但是多值班几次，你就会大概知道大家日常遇到的比较多的问题是什么。比如劳动者被公司辞退了,那就需要向劳动监察部门投诉,如果劳动监察不能协调解决好,那就需要向劳动仲裁委员会申请仲裁。还有遇到较多的就是网络销售合同纠纷,或者是买家对卖家的产品有异议,也有卖家对于平台过分偏袒导致消费者感到不满。还有网约车平台的法律问题、房屋租赁合同纠纷等。在值班过程中,我也会把自己拿不准的问题记录下来,回来研究学习。在以后办理案件时,储存在脑中的知识就可以用上,这是一种良性循环。

前景、愿景

关于律师的职业前景,有新闻说现有律师人数过于庞大,在这个形势下,青年律师的生存发展非常艰难。前阵子还出现过律师直播的新闻。有人说律师行业有"二八定律",80%的钱都被头部所、头部律师瓜分,而剩下的20%由大部分人去分。社会上甚至还有一些像"律师就是拿钱办事"这样不好的言论。我曾经也受某些言论影响,但现在不会。律师行业只是万千行业当中一个普通的行业，像每个行业一样，初入行时都有困境。

不管行业形势如何，我们只管做好自己的事情。我们可以讨论现在的经济大环境，可以讨论青年律师的生存困境，但不可以自怨自艾。走上了法律服务的道路，我们只需要明白，我们想要成为一名怎样的律师，要怎么达到自己心中的目标。

此外，做律师需要经常往外跑。不管是拜访客户，还是去法院立案、开庭，很多时候不仅要全省跑，还要全国各地跑。律师不仅要进行脑力劳动，还要开展体力劳动。所以，大家要按时吃饭，少熬夜，积极锻炼，保重身体，身体是革命的本钱。

关于律师的穿着，有前辈也教导过我要学会包装自己。我觉得要包装，但也无须过度包装，穿着得体、仪容大方即可。服装确实可以带给我自信，这是我的真实体验。

律师是一份相对自由的职业，需自行安排时间。我在 2023 年为自己做了一个五年规划，到退休，我大约需要做五个五年规划。目前第一个五年规划已经有了雏形，然后每一年做年计划，年终做总结。五年规划，是相对长远的打算。比如我的规划，有职业方向，成为专业化律师服务于某个行业、服务于某些企业群体。要服务于这些企业，我需要了解其行业情况，掌握相关专业知识，并做出与此相关的法律服务产品。规划中还有对客户的开拓和维护，主要涉及客户的管理，比如做好案件汇总表、客户记录表、案件办理进度表等。此外，还有学习规划和生活规划。律师是需要终身学习的，学习规划必不可少；生活规划则包括锻炼身体、坚持兴趣爱好等。

目前，我每周会写周计划和周总结。我今年的目标是通过中级经济师也就是中级知识产权师的考试，即便还没有机会办理知识产权相关诉讼案件，我也会继续学习相关知识。希望以后可以有固定的服务行业，以行业为准提供相应的法律服务。

高考结束后，大家都在填报志愿。关于法学专业是否值得报考，冲上过微博热搜，我一直觉得法学专业非常值得报考。关于法学毕业生，我在中国民商法律网公众号上看到过这样一篇文章，题目是《林维：在不确定的时代中坚守我们的传统》，文章中有一段话："无论是律师还是检察官或法官，都不要对普通民众的疾苦视而不见，不要漠视他人的权益，不要忽略自己的权力行使可能造成的对他人的影响，不要因为一个案件小而忽视它对法治进步的打击，不要让自己所裁决的案件成为师弟师妹的笑柄，更不要让自己成为自己在学生时代曾经痛斥过的那种人。所有法律规则的初心和最终都是人。没有关心人类的宏大心灵，再专业的技术要求都有可能把我们引向黑暗之中。"我喜欢这段话的表达，也表示赞同。

　　我就是一个普通的人，成为一名普通的律师，做着普通的法律服务工作。路在脚下，虽为平凡之路，但值得努力向前！

法学院毕业 7 年的工作回顾和总结

陶志刚

2010—2014 年，浙江越秀外国语学院，日语本科。

2014—2017 年，浙江财经大学，宪法学与行政法学硕士研究生。

现任浙江哲衡律师事务所合伙人，自 2018 年 10 月 24 日起开始律师执业，主要从事知识产权、建设工程、不良资产处置等方面的业务。

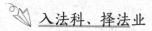

入法科、择法业

2017 年 3 月，我从浙江财经大学法学院毕业，步入社会参加工作。回顾这 7 年的工作经历，无论是作为执业律师，还是企业法务，从事的都是与法律相关的实务工作。求学时以习法为好、付诸行动，入世时愿学以致用、择法为业。从这一点讲，也不枉费自己当初从日语专业转法学专业，从绍兴到杭州的求学之旅。我可以拍着胸脯说："不虚此行，甚有收获。"

为什么提到这一点呢？在实际工作中，我遇到很多律师同行，有不少是从IT、银行、教培、化工、医疗等领域转行做律师的。他们基于多（跨）行业的积累，在原有领域的细分法律服务市场上有先天优势。和他们闲谈时，他们说未在法学院正儿八经地拿学分、求学位，也许是作为律师的一大遗憾。此外，我也碰到过法学院毕业的学生从事房产销售、人力资源、物业维护等工作，虽对自己的工作也很热爱，但对自己4年法律学习经历深感惋惜。

2017年5月，我先以实习生的身份在浙江京衡律师事务所工作。经过2个月没有薪水的考核，7月份才拿到实习律师证（海蓝色本子），到2018年10月才拿到律师执业证（酒红色本子）。这期间所经历的，对于一名刚从法学院毕业的学生而言，意义重大。一方面，要学习将学校所学的知识转化为实际工作的能力。如何提取法律事实、如何庭审举证质证、如何获得商务合同、如何获得当事人的信任、如何报价承接业务、会见犯罪嫌疑人有哪些注意事项等，都需要经过大量的实务工作积累才能学到。坦白而言，法学教育与实务工作确实有一些断层、脱离，估计大多数同行都有相同的感受。另一方面，要完成从校园生活到融入社会的转变。犹记得学校提供的宿舍 1200 元可以住一年，文华餐厅 10 元可以吃到一荤两素。参加工作后，房租每月 2200 元，常去的小吃店一餐至少也要 15 元，想想每月扣除社保后到手 3500 多元的工资，实在是囊中羞涩。每当老家父母问候是否需要帮助时，总是强装镇定，报喜不报忧，当然，各种心酸也成为当时成长的催化剂。实习律师的不易，只有经历过的人才深有体会，才会明白小本子从海蓝色变成酒红色饱含的汗水和付出。

万里长征第一步，有志者事竟成

拿到律师执业证，只是万里长征的第一步。律师是以提供法律服务参与市场竞争的职业，入了门拿到执业证，还需要有业务量来支持法律实务工作和薪资收入。我刚拿到律师执业证时，也因业务量以及家庭因素，注销了律师证，入职杭州市政集团从事法务工作。

接下来，我从职业选择的角度讲讲法务和律师的工作异同。两者的工作内容主要都是起草和修订合同、应对诉讼纠纷、参与商（业）务洽谈、企业合规审查、劳动用工等。不同之处在于法务一定要对公司业务、上下游之间的合作熟稔于心，对公司内部跨部门的沟通和协同游刃有余，极强依附于公司。而律师在业务上会遇到更多诉讼案件，侧重于个案的属性，当然也有法律顾问业务。所以，从职业选择讲，难以简单地说是律师好还是法务好，需要具体情况具体分析。若只从单一维度考虑，那就哪家平台大，就去哪家就职。

那么是去大律所还是小律所？最理想的状态是进入大律所，找到好的团队。这个选择的关键其实在于你的指导老师。所以，若是在小律所也能有一个愿意好好带你的指导老师，那就不要犹豫，踏踏实实跟着干。现在有些大律所承接了破产业务，便招聘实习律师派到外地项目驻点，一去便是三个月、大半年。虽在大律所，但是和律所内部同事及业务接触都很少，能学习的东西少了，成长也就少了。

关于专业化和万金油，我建议从实习期到执业的前3年，先不要选择明确的专业，无论民事、行政、刑事，每个案件都要好好研究和办理。经过大量案件的承办和磨炼后，对法律服务市场的理解会更加深刻，这时再结合自己的兴趣爱好、业务资源、市场需求来选择专业化路径会更加得心应手。

关于诉讼律师和非诉律师，我建议先做诉讼律师。诉讼业务是律师最传统、最基础的业务。庭审经验丰富的律师对证据材料的辨识等会更加敏感，质证意见更是一针见血；对合同版本（条款）的理解，有庭审经验后会更加深刻，对风险点的识别会更加精准；经历了人情世故、悲欢离合，会更容易和当事人产生共鸣，感同身受。

无论是选择法官，还是律师或者法务等，法律职业者都需要长期坚持，需要经验和积累，当然还要注重知识更新，不能光长年龄。要做好律师更要有市场角度的考量，考虑风险和收益、对价和平衡。有时候保护权利也是一场交易，维护正义需要一定的成本，甚至成本不低。既然选择了做法律人，即使风雨兼程，也要一往无前，直到碧蓝天空现彩虹。

突破自我，天天向上

律师要夯实法律知识，更专业更高效地为客户提供服务。和法官沟通时，律师要能够快速锁定案件争议焦点、关键证据材料，阐明法律适用的依据和逻辑。和当事人洽谈时，能够准确识别风险点，给予法律建议和方案，以赢得其信任。和同行交流时，更是如此。扎实的专业功底和法律技艺，这一点再怎么强调都不为过。

法律知识当然是最基础的部分，此外，律师还需要做更多的突破。法律人的视野有时候比较狭隘，多元化的角度和换位思考，也是法律人需要具备的素养。这里可以展开讲的事项有很多，总之，法律人要保持终身学习的心态，读万卷书，行万里路。

读万卷书。要拓宽自己的知识面，不要放弃

学习、阅读，高配认知，你准备好了，贵人就会出现。

行万里路。世界那么大，多去看看，只是其一。其二是要破圈，让自己走出去、多交流，尤其重要。

愿心态皮实，天天向上。

律师职业就是追寻人生答案

王
耕

2015—2019 年，浙江财经大学，法学本科。

现任北京浩天（上海）律师事务所执业律师，浙江财经大学辩论队教练。曾在杭州市萧山区法治部门进行过多年挂职锻炼，拥有丰富的政府非诉讼法律业务经验，在处理政府法律事务工作方面有自己的独特理解，并研发了"法治政府全流程"专项法律服务产品。曾获 2020 年"青城说"厢心力党建联盟青年辩论赛冠军暨决赛最佳辩手、2021 年杭州市"亲青帮"法治青年辩论赛季军兼全程优秀辩手、2023 年第一届杭州高校辩论邀请赛冠军、2024 年"杭甬嘉湖"四地青年律师辩论赛二等奖等荣誉。

当今时代，似乎许多年轻人都很迷茫，都在厘清工作、职业、人生、价值等要素之间的关系，跟随大多数人的步伐忙碌着。罗翔老师曾经说过，年轻人不要陷入虚无主义的陷阱，要积极地去思考什么是好的人生，要寻找睿智地度过一生的方式。我希望借这篇文章，和读者特别是目前还在法学院读书的学弟学妹分享寻找人生答案的经历。

缘起法学

如果想更好地理解律师这一行业，就必须先搞明白法学这一专业。法学是一门社会学科，但在我的理解中，它并非传统的社会科学学科。法学专业的研究方式并不是运用传统的分析手段进行展示，一般不借助分析模型来分析社会行为，而是根据法学的理论、价值和历史等，结合实践情况来展开研究，其中包含的是更有温度、更能体现"公平与正义"等价值的内涵。因此，也有人认为，法学与其说是科学，不如说是哲学。

进入浙江财经大学就读法学专业，是我人生中十分重要的节点。法学院的各位老师专业水平一流，教学风格各异，让我对法学产生了浓厚的兴趣，也为我以后成为一名律师打下了坚实基础。

在大学期间究竟应该做些什么？这是老生常谈的问题。我把当时学长学姐们对我的劝导（实际很难听进去）进行总结，可归为这么几类：如果未来想要进入国家机关、事业单位工作，那么就要瞄准学历提升，尽早准备考研；如果一毕业就想进入企业或者律所工作，那么就要专注于寻找好的暑期实习单位作为未来找工作的敲门砖；如果想要出国留学，那么要在刷绩点拿到好看的成绩单的同时提升外语水平，备战语言等级考试就是第一要义。很多同学可能不会真正思考"我想要做什么"，而是直接确定未来的发展方向，并参照上述方案按部就班地进行。这主要是因为：很多同学都是父母帮其规划未来发展道路，他们没有主动选择，即使有老师、学长学姐的指导，也很难着手具体实施。因此，虽然我写这篇文章是想讨论"如果我想要做律师，在大学期间到毕业这段时间应该做些什么"这类问题，但仍要提醒一下，你还要思考"我如何判断自己适不适合／应不应该做律师"的问题。

所谓律师

　　大家都说兴趣是最好的老师，我也这样认为。一旦你热爱这个行业，你就能在这个行业大放异彩，从而实现自己的价值。但需要强调的是，现在的市场竞争激烈，如果仅凭个人爱好而不考虑实际情况，你是很难适应目前的就业市场的。

　　什么样的人适合做律师？从个人特质来看，我认为在成为律师之前最需要具备的是刻苦钻研的精神，因为大众所认为的清晰的逻辑思维、敏捷快速的反应、出众的表达沟通能力甚至优秀的外在形象，都可以在律师执业的过程中不断学习和提升，而对待任务认真的态度、持之以恒刻苦钻研的精神却是难得的品质。另外，如家里有资深的公检法行业从业者带你入行，也能让你规避一些初入律师行业可能面临的风险。

　　其实成为律师的门槛并不算高，只要经过法律知识的学习，通过司法考试后度过实习期，通过执业考核就可以成为律师。但行业内部律师的样态千差万别，律师的收入和地位也迥乎不同，我认为，除了天生的差异，更重要的在于他们的职业规划各有不同。

律师执业心得
——写给法科新生的话

成长之路

我认为实习期是成为律师最重要的学习阶段，是奠定律师职业生涯基础的阶段。这里我根据自己和周围同僚的经历给学弟学妹们提几点建议：首先，不管是正式实习还是假期实习，不要太纠结于红圈所或当地知名所，而要更看重实习的带教律师的执业领域和执业水平。红圈所对于招收正式的授薪律师的门槛极高，而且极其看重法学本科学历，如果本科学历并没有那么理想，或者未来也没有在红圈所（总部）执业的打算，那么没必要一定去红圈所。更重要的是，红圈所大部分的团队带队律师，所做领域一般比较特定，而且非诉业务偏多，如果选择了IPO、企业收购等领域的实习带教律师，那么在诉讼业务方面的学习就会稍微薄弱。所以如果不是有明确的未来执业方向（不管是个人爱好还是家庭支持），还是尽可能以诉讼业务团队为主，这样能够更快地了解诉讼业务的程序，并且法律文书写作水平以及法律检索水平等基本功也能得到有效锻炼。当然，需要再次强调的是，在开始实习之前一定要了解带教律师的综合水平和行业评价，最好由熟悉

律师职业就是追寻人生答案

当地法律行业的人提供一些意见，避免出现某些律所存在的一名实习律师由多名律师共同派工（对于实习律师压力较大），或者并不实际从事律所内的业务而是外派到企业驻点（不适合实习律师学习）等情况。

对于实习过程中需要注意的事项，我认为：一方面，不管是做建工房地产劳动还是婚姻借贷，甚至是海事行政以及上面提到的并购、IPO、票据、资产处置等方面的案子，你都可以充分发掘自己感兴趣的领域，广泛涉猎并且深入学习研究，为以后构建自己的业务系统打好基础；另一方面，要养成独立思考的习惯，不能只按照主办律师的要求完成工作，要以能独立完成一项当事人的委托作为对自己的基本要求。

执业抉择

当实习期结束，考核成功并且成为一名执业律师后，一般来说都会面临两种选择：一种是成为一名团队内的授薪律师，特点是用工成本（社保等）

由律所或团队带队律师负责缴纳，团队按照固定工资＋奖金或少量提成的方式发放报酬；另一种是成为一名独立律师，自己承担用工成本（好一点的律所还需要工位费），没有固定收入，按照自己承接案件的律师费获取高额提成的方式获得报酬。选择哪一种好呢？对于这个问题也是众说纷纭。我认为，不管怎么说，有一点是明确的：成为独立律师要以团队律师为基础，一旦做好了相应的准备，就可以自由地根据实际情况做出选择。

如何理解？首先，要看自己是否有足够的社会资源。一般而言，在执业前期，律师还比较年轻，资历较浅，社会关系一般处于发展的状态，很难接触到行业领域尖端的人士，因此在这个阶段最好在团队中工作，这也是一种培养资源、获取资源的方式。其次，要看自己目前所处团队的发展情况，这是一个很容易被忽视的问题。因为在当下，能够实现业务量正向增长的团队一般都是少数。如果有这样的团队且愿意对授薪律师重点培养，那么可以考虑在团队内继续发展；反之，如果未来业务量不断萎缩导致自己可能没有办法继续成为团队的重要角色，也可以考虑成为独立律师。当然，团队的工作

律师职业就是追寻人生答案

风格适不适合自己，团队未来的发展理念和自己的想法是否一致，在团队中工作是否愉快，等等，也是要考虑的因素。总而言之，在当下何者对自己的成长更有利，就选择哪个。一般情况下，在执业前期，团队都能给执业律师更大的支持。

实现自由

人不是为了成为律师而活着，而是为了拥有更好的生活才选择成为律师。那么什么是更好的生活？我也希望各位学弟学妹仔细思考这个问题。如果让我给这个问题一个答案，那就是：自由的生活就是更好的生活。

在我看来，独立律师是一个自由的职业，在一定条件下，可以不再依靠出售自己的时间来获得报酬，从而自由地追逐想要的（不论是何种）生活状态，这也是律师职业的最终要义——那么，怎么才能做到呢？说实话，包括我在内的很多青年律师即使能够意识到这一点，目前阶段也没有实现这一目标，只能为了实现它而不断努力。至此，我想基于自己的体会，提出一些建议。

首先，你要有（相对）独一无二、不可替代的专业能力，这种能力不局限于法律方面，但一定不能轻易地被 AI 所替代，不可以被轻易购买；其次，要懂得合理规划自己的消费，知道自己想要什么并且为之制订计划，做好储蓄并提高理财的能力；第三，有条件的情况下，多阅读宏观经济学、金融学以及社会学的基础教材，提高将知识融会贯通的能力；第四，建立正确的幸福观，正确理解金钱和幸福之间的关系（强烈推荐《纳瓦尔宝典》这本书）。

结语

做律师是一个感知世界的过程，成为一名律师后对事物进行观察，你会发现社会既简单也复杂。律师是一个包容一切社会行为的职业，希望所有阅读这篇文章的学弟学妹能够充分地思考并且大胆地实践，努力追寻自己更好的人生。

律师职业就是追寻人生答案

青年律师的历练与反思

钱清

2013—2017 年，温州大学，法学本科。

2017—2020 年，浙江财经大学，经济法学硕士研究生。

现任浙江泽毅律师事务所执业律师，主要从事民商事案件，执业两年半。

因为热爱，所以坚持

不知不觉，已经从浙江财经大学毕业近 4 年了，那年的我们因为新冠疫情，连毕业典礼都没有举办就跨入了社会。毕业至今，回头想想，能成为一名执业律师，要感谢当时高考填报志愿时高中班主任的建议，由此我选择了法学专业。这一路有泪有笑，我通过了司法考试、律师执业考核，并坚持下来。为何会热爱做律师？与其说是被港剧中那一个个戴假发、穿黑袍在法庭上唇枪舌战的飒爽律师所吸引，还不如说是因为自己在一个个案件中用专业、细心、智慧维护当事人的合法权益后收获的那种喜悦、踏实，它使我更加确信律师这一职业是我现在所热爱和追求的事业。

✑ 身份的转变

还记得刚开始去律所实习的时候，我还没有转变对角色的认知，经常把学生的心态带入工作中，时常犯错。在学校里，我的工作主要是学习，接受知识的灌输和技能的训练，相对而言，学校的环境比较单纯，出现问题往往有明确的答案和解决方法。但是当我进入社会后，我的身份转变为工作者，需要承担更多的责任和压力，而且社会上的情况更加复杂多变，没有固定的答案和模式可循。社会不仅是学习的地方，还是实践和贡献的舞台，这要求我必须具备独立思考和解决问题的能力，不断去适应和应对各种变化，还需要我学会与各种人打交道，包括同事、客户、合作伙伴等。一年的实习改变了我的学生心态，我学会了转变自己的学生心态，不再依赖别人，提交给同事的工作一定会反复确认，不交半成品。在工作中有时候会同时处理好几件事情，但不能一味地求快，一味地追求效率，尤其是当面对的案件需要核对大量的转账凭证、聊天记录等材料时，不能因工作内容枯燥乏味而懈怠，反而更要耐心细致地核对，并且运用工具软件做好记录。

这是一个不断学习和成长的过程，我需要不断适应和应对各种挑战和变化，以更加积极、认真的态度面对工作和生活。

我目前接触和解决的纠纷大部分都是民商事案件，包括合同类、婚姻家事类、公司法类、交通事故类、劳动争议类等。我有点类似"万金油"律师。执业初期，我也想过是走专业化之路还是当"万金油"律师。专业化，这是每一个律师所追求和推崇的。但是考虑到现实问题，专业化不是我目前能选择的，而是取决于我能接触到什么案子。刚独立的青年律师，如果有一个好的师傅带领，一开始就可以选择走专业化道路。但是对于大多数新手律师而言，首要的就是解决温饱问题，是无法挑案子做的。好比一个客户来咨询，好不容易谈下来了，你能因为跟自己的专业定位不符而说我不接吗？这显然是不能的。

没有小案子，只有小律师

作为一名诉讼律师，通过一个个案子的积累，我越发觉得没有小案子，只有小律师，因此我们需要先将自己的基础打扎实。小案子有时候也不小，即便是一个劳资纠纷，需要律师提供的文书也一样不会少，开庭的流程和沟通的成本也不会降低。还记得我在某街道作为驻村律师值班时，接到该辖区内村民的咨询，他在某村辖区内的一家美容院从事美容师工作，工作至2023年12月底，后离开美容院，但工资尚未结清，双方随即发生劳资纠纷。作为驻村律师，我需要协助该当事人去解决纠纷。通过走访美容院，同时在该村村委会的帮助下联系到美容院的店长，告知其拖欠工资的法律后果及危害。但是协商不成，我便协助该村民将美容店起诉至区劳动仲裁委员会。在处理过程中，我始终与该村村委会、村民保持联系并同步信息。直至2024年4月，双方在仲裁委的调解下达成一致，美容院当场支付拖欠的劳动报酬。

其实在执业初期，我们很可能遇到的都是金额相对较小的案件，且涉案人员法律意识淡薄、证据难以固定。但是在解决纠纷面前，我们要迎难而上，不可懈怠。作为村法律顾问，首先要对相关法律法规进行分析，并与当事人进行充分的沟通，了解案件的具体情况后向当事人提供详细的法律建议，包括提供证据、法律程序和补救措施等方面的建议，并与村委会、当事人保持信息同步，沟通尤为重要。

律师这一职业道路确实充满了挑战和艰辛，尤其是在当下的环境中，我们遇到的困难更为复杂。但是俗话说"好的神枪手都是靠子弹喂出来的"，好的律师也需要一个个案件去历练。我们要多接触各种类型的案件，把律师应当具备的基本功打扎实，要多接触不同行业的人员，锻炼自己的沟通能力和业务能力。

最后希望法学院的学弟学妹珍惜在校时光，打好基础，未来成为优秀的法律人。

三线小城市的青年律师成长

周
晨

2014—2018 年，浙江树人学院，工商管理本科。

2019—2022 年，浙江财经大学，法律硕士研究生。

现任浙江广诚律师事务所律师，湖州市律师协会知识产权专业委员会秘书长，湖州市知识产权"法务先锋"服务团成员。主要从事刑事辩护、刑事控告、民商事争议解决业务，执业 1 年。曾获湖州律师实务理论研讨会论文一等奖、三等奖。

 ## 回到浙北三线小城市

2 年前的这个时候，我刚从浙江财经大学结束 3 年的研究生求学生活。现在翻看在校时的照片、视频，仿佛还在昨日。我十分感激那些引导我、教导我、激励我的导师与同学，让我的研究生生活变得充实。转眼毕业已经过去2年，我又回到了浙北的三线小城市——湖州，这个我从小长大，再熟悉不过的城市。我在这座三线小城市的本地律师事务所落地并开始发芽成长。我想有很大一部分浙江财经大学法学院的学子都面临毕业选择职业岗位和城市的问题。不少学子在毕业后会选择在大城市打拼，但是我也看到不少在大城市辗转多年，最终回到家乡工作的学子。毕业时，我做了详细的职业规划，最终选择回到家乡。原因很简单：家乡没有租房和出行的生活压力，家乡没有律师执业人数众多的同行压力，家乡有熟悉的朋友和相对好结识的人脉资源，家乡的生活节奏更加适合自己。总的来说，我认为回到这个三线小城市更适合我。

进入本地律师事务所

2022年的7月，我正式进入浙江广诚律师事务所工作。这是一家成立于1994年的湖州本土律所。在进入广诚之前，我尝试在湖州别的律所、法院等地方实习。在实习过程中，我多方打听了解湖州各家律所的氛围、环境、制度。最终，我选择了广诚。读研期间，我对刑事业务并没有浓厚的兴趣，甚至毕业论文都是婚姻家事方向。但是在进入广诚后，我选择尝试进入刑事业务领域，期待享受出差办案的工作待遇。幸运的是，律所分配的指导律师是办理刑事案件较多的律师，在实习指导过程中会把办案经验与技巧倾囊相授，同时也给了我丰富的办案机会锻炼实战能力。此外，我也幸运地得到广诚刑事部主任律师的培养。他是从检察院转业来的，专注于职务犯罪领域。他带我参与了众多重大、疑难复杂的刑事案件。我佩服这位主任律师能够在三线小城市做到如此专业化。在进所半年后，我有幸被主任律师收做"关门徒弟"。如此，我成了广诚律所里唯一同时拥有2位师傅的青年律师。

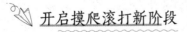 ## 开启摸爬滚打新阶段

在入所2年的时间里，我有幸在师傅和其他

同事的支持与帮助下开启了律师执业的大门，也在办理刑事案件的过程中找到了自己真正想学习和主攻的专业方向。2年里，我一共参与办理各类案件100余件，其中刑事案件50余件；累计与10余位律师开展合作；累计到看守所和监狱会见150余次，进入看守所和监狱10座；累计高铁出差里程10000千米，飞行出差里程20000千米，驾车出差里程50000千米。此外，早出晚归，数不清的加班，几乎在入职后的每一天我都在埋头苦干，我坚持让自己过得充实，每一天都有新的收获。沉淀、提升、积极摸索，永远告诫自己不要停下学习的脚步。能够做自己喜欢的工作让我充满动力和激情。多少次的早出晚归、多少次的熬夜加班、多少次的查漏补缺，让我真切体会到办理刑事案件对于身体、心理、能力等多方面的高强度考验。但是很值得，也很幸运，付出终究会有回报，不少案件取得了阶段性、全案性的良好效果。对我而言，成长意义非凡。

把握执业律师快节奏的工作方式

不管是做刑事业务还是民商事业务，抑或非诉业务，高效且完备的法律服务永远是青年律师追求的目标之一。即便是在生活节奏较慢的三线小城市，也不能将缓慢的生活节奏带入律师办案中，否则将在越来越卷的行业中被淘汰。当然，心态也很重要，青年律师一定不能浮躁，要明确自己想要什么，而不是一味讲创收多少，要问问自己能学到多少，还欠缺多少，还要努力多少。在三线小城市，个案的难易程度和收费肯定不如大城市，但是能够在有限的案件中获取经验和技巧，积少成多，一样是能够成长的。即便是在没有案件或者相对空闲的时间里，参加本地或者外地的业务培训、论坛讲座也是加油充电的好时机、好方法。绝大部分选择做这行业的青年律师也正是看中律师的自由，但是自由的前提一定是自律。在我执业的这段时间，我可以选择每天睡到自然醒，吃完早餐后慢悠悠地开车去律所闲聊半天，也可以选择早点到律所投入精力写好数份法律意见。时间自由不是说你可以懒散，而是要培养高效自律的职业习惯。另外，值得一提的是，青年律师一定不要认为小城市最重要的是人际关系和人脉资源，打铁终究要靠自身硬。很多检察官和法官评价律师，不会说这位律师有多少人脉资源，只会说专业能力够不够。正因为是三线小城市，湖州发展至今只有不到 1000 名执业律师，口碑的好坏很短的时间就能够传遍整个司法圈。所以，我们更要在办理每一个案件中细致入微、精益求精。我们做的不是仅此一次的法律服务，而是在为自己今后长期的职业生涯创口碑。从这个角度来说，小城市给青年律师的容错率比大城市更低，切记在执业办案中把握风险，脚踏实地规范办案。

目前市场竞争日益激烈，律师行业也同样如此。青年律师不仅要提高业务能力水平，还要注重执业风险的把控、为人处世的方式等生存哲学。虽然他人的生存之道不能够完全被复刻，但是在取其精华的基础上，保持高能的状态、执行最初的规划，也一定能够在三线小城市过得活力满满、热气腾腾。

后　记

　　2023年春天，李占荣老师提议为法学专业的本科生开设一门名为"法律职业生涯规划与发展"的"短学期"课程。我们按照立法工作者、行政执法人员、法官、检察官、公证员、仲裁员、律师、企业法务等主要法律职业编写大纲、制作课件，同时，邀请一些实务界的朋友录制短视频，作为教学辅助材料。

　　2024年第二轮课程开课前，我有一个念头，想将短视频扩充为一册文字形式的教辅读本。律师校友积极回应，以"过来人"的身份为师弟师妹们讲述法律职业的真切感受，贡献了22篇作品，

2024 年正值法学院建院 22 周年。书稿作品的编辑以作者进校时间的先后为序，同年入学的，以姓氏拼音为序进行编录。在此我向供稿的 22 位校友表示感谢。期待有更多的校友加入，共同为"法律职业生涯规划与发展"课程提供教学素材。

观韬（杭州）律师事务所执委会主任麻侃律师一直关心学院的实务教学。我们合作申报并成功获批浙江省产学合作协同育人项目"数字化改革背景下公法课程的创新与实践"，这本教学参考书是该项目的阶段性成果。

在书稿的整理出版过程中，浙江省地方立法与法治战略研究院（智库）提供了出版资助，研究生过丽丹参与联络和校对。感谢浙江工商大学出版社编辑团队高效细致的工作。

唐　勇

2025 年 2 月